KB213578

참과 거짓을
분별하는
영적 원리

알곡과 가라지

| 김창영 · 김홍만 지음 |

생명의말씀사

알곡과 가라지

© 생명의말씀사 2015

2015년 12월 28일 1판 1쇄 발행
2024년 3월 20일   3쇄 발행

펴낸이 | 김창영
펴낸곳 | 생명의말씀사

등록 | 1962. 1. 10. No. 300-1962-1
주소 | 서울시 종로구 경희궁1길 6 (03176)
전화 | 02)738-6555(본사) · 02)3159-7979(영업)
팩스 | 02)739-3824(본사) · 080-022-8585(영업)

저자 | 김창영, 김홍만

기획편집 | 박미현, 유영란
디자인 | 박소정, 최윤창
인쇄 | 영진문원
제본 | 보경문화사

ISBN 978-89-04-16537-7 (03230)

알곡과
가라지

참과 거짓을
분별하는
영적 원리

contents

들어가는 말   예수님의 원리로 돌아가야 합니다 | 6

PART 1
진정한 구원을 가졌는지
점검하십시오

1. 알곡입니까? 가라지입니까? | 13

2. 슬기로운 처녀입니까? 미련한 처녀입니까? | 29

3. 양입니까? 염소입니까? | 45

4. 제자입니까? 무리입니까? | 59

5. 좁은 문으로 들어가십니까? 넓은 문으로 들어가십니까? | 75

PART 2

진리와 거짓을 분별하는지
점검하십시오

6. 참된 목자입니까? **거짓 목자입니까?** | **93**

7. 바른 복음입니까? **다른 복음입니까?** | **111**

8. 견인되는 자입니까? **타락하는 자입니까?** | **125**

9. 진리의 영입니까? **미혹의 영입니까?** | **141**

나가는 말   지금이 구원을 점검할 유일한 기회입니다 | **156**

예수님의 원리로
돌아가야 합니다

교회가 영적으로 어두워지면 참과 거짓에 대한 분별이 약해집
니다. 그래서 참 구원백성은 소수로 전락하고 거짓 구원백성이
다수를 차지하게 됩니다. 이러한 교회 상황을 개혁하려 했던 종
교개혁자들은 교회를 향해 자신의 참 구원 여부를 스스로 확인
하라며 끊임없이 설교 가운데 외쳤습니다. 또한 글을 통해서도
참 구원백성과 거짓 구원백성의 영적 특성을 설명하며 그 차이
를 구별할 것을 강하게 주장했습니다.

스위스 제네바에서 교회 개혁을 시작했던 존 칼빈은 '교훈과
신앙고백'이란 글에서 바른 신앙과 거짓 신앙을 구별해야 한다
고 강조했습니다. 『기독교 강요』 제3권에서는 제자도를 강론하
며 참 구원백성의 영적 특징을 제시했습니다. 청교도의 아버지
라고 불리는 윌리엄 퍼킨스는 『황금사슬』에서 하나님의 참 구

원백성이 받는 은혜를 설명하며 위선자와 타락하는 자들에게
는 어떤 특징이 있는지 구별했습니다. 청교도였던 매튜 미드는
『유사 그리스도인』을 통해 그리스도인처럼 보이지만 실제로는
구원의 은혜가 없는 자들을 유형별로 분류했습니다. 17세기 뉴
잉글랜드의 청교도였던 토마스 쉐퍼드는 '신실한 회심자와 바른
성도', '열 처녀 비유'라는 글에서 참 그리스도인과 거짓 그리스도
인을 구별하는 영적 원리를 설명했습니다. 18세기 위대한 신학
자이며 목회자였던 조나단 에드워즈는 『영적 감정을 분별하라』
에서 참 구원백성의 영적 특징을 12가지로 구분하고, 참 구원백
성과 거짓 구원백성이 뒤섞인 교회에서 참 구원백성을 구별하
는 영적 원리를 제시했습니다. 19세기 말 한국에 복음을 가지고
들어온 선교사들은 교회를 세우며 한국 신자들 가운데 진정한

구원의 은혜가 있는지 점검하고 그 증거가 분명히 나타나는 자에게만 세례를 베풀었습니다.

교회의 역사를 보아도 진리의 기둥과 터가 되고 성도에게 단번에 주신 구원에 이르는 믿음의 도(유 3)가 증거되는 참 교회를 세우려 했던 목회자들은 참된 신자와 거짓 신자를 철저하게 분별했습니다. 물론 참과 거짓을 분별하는 방법은 그들이 새롭게 개발했던 것은 아니었습니다. 예수님께서 이 땅에 오셔서 친히 본을 보이신 방법이었으며, 사도들이 따랐던 방법이었습니다.

저희도 이 책을 통해 예수님의 말씀과 사도들의 방법을 따라 참 구원신자와 거짓 구원신자를 분별하는 원리를 설명하려 합니다. 저희가 이러한 목적으로 책을 쓴 이유는 오늘날 한국교회의 영적 상황 때문입니다. 한국교회는 그 외형적 규모는 커졌으나 참 교회가 가져야 할 경건의 능력을 점점 상실하고 있습니다. 또한 진리와 거짓을 온전히 분별하지 못하는 영적 무지의 상황에 처해 있습니다. 강단에서 참 복음과 거짓 복음이 뒤섞여 전파되고, 그 틈을 이 세대의 사고방식과 세속적 원리들이 교묘히 파고들었습니다. 한마디로 진리의 영보다 미혹의 영이 더 크게 역사한다고 볼 수 있는 상황입니다. 이러한 한국교회가 다시 예수님의 원리와 사도들의 원리로 돌아가기를 간절히 바라는 마음으로 펜을 들었습니다.

하나님께서는 "너희는 믿음 안에 있는가 너희 자신을 시험하고 너희 자신을 확증하라"(고후 13:5)고 말씀하셨습니다. 이 말씀을 따라 자신이 진리에 속했는지 거짓에 속했는지 점검해 보시기를 바랍니다. 진리에 속했다면 성령의 유효한 부르심으로 말미암아 구원이 분명할 것입니다. 그러나 거짓에 속했다면 미혹의 영의 역사로 말미암아 구원도 없습니다. 한국교회의 성도 개개인이 진리와 거짓을 분별함으로써 자신의 구원을 확증하는 데이 책이 도움이 되길 바랍니다.

아울러 구원의 확신이 분명한 성도들은 성령의 역사하심으로 말미암은 진정한 구원이 없는 이들을 향해 안타까운 심령을 가져야 합니다. 이들이 미혹의 영으로부터 벗어나 진리에 이를 수 있도록 도와야 할 것입니다. 진리와 거짓을 분별하여 교회가 함께 은혜의 기쁨을 누리는 데 이르기를 바랍니다.

한국교회 성도 여러분께서 진리 가운데 확실히 거하시기를, 그래서 자신이 받은 구원이 하나님께서 성도들에게 단번에 주신 구원에 이르는 믿음임을 확신하고 하나님의 자녀된 것에 감사드리게 되시기를 주 안에서 간절히 소원합니다.

_김창영 Ph.D · 김홍만 Ph.D

PART 1

진정한 구원을
가졌는지
점검하십시오

1. 알곡입니까? 가라지입니까?

2. 슬기로운 처녀입니까? 미련한 처녀입니까?

3. 양입니까? 염소입니까?

4. 제자입니까? 무리입니까?

5. 좁은 문으로 들어가십니까? 넓은 문으로 들어가십니까?

24예수께서 그들 앞에 또 비유를 들어 이르시되 천국은 좋은 씨를 제 밭에 뿌린 사람과 같으니 25사람들이 잘 때에 그 원수가 와서 곡식 가운데 가라지를 덧뿌리고 갔더니 26싹이 나고 결실할 때에 가라지도 보이거늘 27집 주인의 종들이 와서 말하되 주여 밭에 좋은 씨를 뿌리지 아니하였나이까 그런데 가라지가 어디서 생겼나이까 28주인이 이르되 원수가 이렇게 하였구나 종들이 말하되 그러면 우리가 가서 이것을 뽑기를 원하시나이까 29주인이 이르되 가만 두라 가라지를 뽑다가 곡식까지 뽑을까 염려하노라 30둘 다 추수 때까지 함께 자라게 두라 추수 때에 내가 추수꾼들에게 말하기를 가라지는 먼저 거두어 불사르게 단으로 묶고 곡식은 모아 내 곳간에 넣으라 하리라 ……

36이에 예수께서 무리를 떠나사 집에 들어가시니 제자들이 나아와 이르되 밭의 가라지의 비유를 우리에게 설명하여 주소서 37대답하여 이르시되 좋은 씨를 뿌리는 이는 인자요 38밭은 세상이요 좋은 씨는 천국의 아들들이요 가라지는 악한 자의 아들들이요 39가라지를 뿌린 원수는 마귀요 추수 때는 세상 끝이요 추수꾼은 천사들이니 40그런즉 가라지를 거두어 불에 사르는 것 같이 세상 끝에도 그러하리라 41인자가 그 천사들을 보내리니 그들이 그 나라에서 모든 넘어지게 하는 것과 또 불법을 행하는 자들을 거두어 내어 42풀무 불에 던져 넣으리니 거기서 울며 이를 갈게 되리라 43그 때에 의인들은 자기 아버지 나라에서 해와 같이 빛나리라 귀 있는 자는 들으라

_마태복음 13:24-30, 36-43

1

알곡입니까?
가라지입니까?

사탄이 하나님의 교회를 무너뜨리기 위해 사용하는 계략 중에 대표적인 한 가지가 있습니다. 바로 진리의 기둥과 터가 되는 교회 안에 거짓된 가르침과 오류를 침투시켜 교회를 무너뜨리는 것입니다. 예수님께서 말씀하신 알곡과 가라지의 비유가 이에 대한 이야기입니다.

사탄은 교회 안에 위선자를 양산해 복음의 진리와 교회의 경건을 무너뜨리고 교회를 세속화시키는 전략을 사용합니다. 가라지, 즉 교회 내의 위선자들은 죄와 세상의 것으로 참된 신자들을 유혹하고 거짓된 가르침을 전해 그들이 구원의 은혜로부터 떨어져 나가도록 합니다.

이 땅의 교회는 알곡과 가라지, 즉 참된 신자와 거짓 신자가 공존하고 있습니다. 따라서 우리는 영적 분별력을 통해 참된 신자와 거짓 신자를 구별함으로써 과연 자신이 하나님께서 심으신 알곡인지 분명히 해야 합니다.

가라지

가라지의 겉모습은 알곡처럼 보입니다. 이는 실상 위선자이지만 겉으로는 성도처럼 보이는 사람들을 가리키는 것입니다. 이들은 신앙도 있어 보이고 경건의 모습을 갖추기도 합니다. 은혜의 수단인 하나님의 말씀을 들으며 기도를 드리기도 합니다. 이들은 외형적으로는 구원의 은혜가 있는 사람처럼 보입니다. 곧 가라지는 교회에 존재하는 거짓 성도, 위선자들을 의미합니다. 이들은 외적으로 신앙고백을 하고 교회에 들어온 자들로서 직분도 가지고 있습니다.

씨앗이 뿌려진 단계에서는 그들 역시 좋은 씨앗처럼 보이기 때문에 누가 위선자인지 알 수 없습니다. 그래서 알곡과 가라지가 함께 자라나는 것입니다. 그러나 씨앗이 자라면서 싹이 나오고 본격적으로 성장이 시작되면 비로소 가라지의 정체가 드러납니다.

알곡도 가라지도 모두 은혜의 수단 아래에서 같이 자랍니다. 그렇지만 위선자들이 가진 구원의 지식은 피상적인 데서 그칩니다. 그들의 영적 체험 또한 성령의 역사가 아닌 육신적인 거짓 환상에 불과합니다. 따라서 위선자들은 시간이 지날수록 그 영적 실체를 드러내게 되어 있습니다. 처음에는 그들도 은혜의 수단 아래에서 열광적으로 말씀을 듣고 기도를 드리지만, 서서히 은혜의 수단들을 가볍게 여기고 무시하기 시작합니다.

그들은 특히 하나님의 말씀을 무시합니다. 하나님의 말씀에 대한 관심도 점점 줄어듭니다. 그들은 설교를 듣지만 자신에게 적용하지 않습니다. 그러다 결국 사망에 이르는 길에 들어서고 맙니다. 자신의 양심에서 나오는 날카로운 소리에 귀를 닫고 하나님의 말씀에 의한 영적 책망을 귀찮은 것으로 여기며 외면합니다. 그리고 은밀하게 다시 죄를 좋아하며 저지르기 시작합니다. 그들은 한발 더 나아가 하나님의 오래 참으심을 악용하며 회개를 거부합니다. 우리는 결국 그들이 죄 가운데 거하며 즐거워하다가 하나님의 심판 앞에서 가라지로 불태워지는 모습을 목격할 것입니다.

처음에 위선자들은 신앙이 있는 것 같은 모습을 외적으로 드러내는 데 매우 치중합니다. 그 심령에 은혜가 없기 때문에 외적으로 은혜가 있어 보이도록 노력하는 것입니다. 이러한 위선자들은 그 열매가 분명해지기 전에는 분별하기 어렵습니다. 그러나 자라나면서 증거들이 나타나기 때문에 우리는 주의를 기울여서 관찰해야 합니다.

이들은 자신에게 은혜가 있는 듯 포장하기 위해 자신의 신앙에 대해 화려한 고백을 합니다. 또한 자신을 드러내기 위해 많은 말을 합니다. 이것은 바로 심령에 진정한 은혜가 없다는 사실을 스스로 증거하는 것입니다. 그러나 진정한 구원의 은혜가 있는 자는 하나님 앞에서 자신이 얼마나 무가치한 죄인인지 고백합니다. 또한 그러한 자신을 구원하신 주님의 은혜를 찬양하는 것으로 증거를 나타냅니다. 따라서 그 심령에 은혜의 증거가 있는지 없는지 은혜의 유무를 확인하는 것으로 이러한 위선자들을 분별할 수 있습니다.

위선자들은 세상의 것에 마음을 두고 있기에 그 분명한 증거가 드러나기 전에도 세상의 부와 명예를 지속적으로 추구하는 모습을 보입니다. 그들이 사용하는 언어는 온통 세상적이며 정욕적입니다. 그들은 교만하여 쉽게 마귀의 유혹에 빠지고, 마귀는 이들을 도구로 하여 다른 사람들까지 그들과 유사한 죄를 짓도록 합니다.

문제는 이러한 위선자들이 참된 신자들과 공존하며 그들의 삶과 대화를 통해 교회를 어지럽히고 소란스럽게 한다는 것입니다. 그들은 유혹의 도구가 되어 참된 신자들로 죄를 짓게 함으로써 하나님의 백성들에게 상처를 주기도 합니다. 또한 그들은 진정한 목회자가 복음을 전하지 못하도록 방해합니다. 거기서 그치지 않고 참된 목자들을 반대하기에 이릅니다. 이러한 상태에 이르렀다면 그 사람은 가라지, 즉 위선자로서 그 열매를 스스로 드러내는 것입니다.

본문을 보면 예수님께서는 사람들이 잠자는 사이에 그 원수가 와서 곡식 가운데 가라지를 덧뿌리고 갔다고 말씀하셨습니다. 이는 위선자가 유행하는 시기가 있음을 나타내는 것입니다. 교회가 잠을 잘 때, 즉 영적 침체에 빠졌을 때 위선자가 유행합니다. 교회가 말씀을 듣고 순종하기를 게을리하고 기도를 게을리하면 위선자들이 교회에 많이 들어옵니다.

특히 교회가 구원에 관련된 교리에 무지할 때 위선자들이 넘쳐납니다. 오늘날의 교회를 보아도 알 수 있습니다. 많은 교회들이 다만 외적 신앙고백을 기준으로 교회의 회원을 삼습니다. 교회 안에 들어온 사람들의 영적 상태를 분별하는 일을 게을리하거나 분별에 실패합니다. 이러한 영적 상태에 놓인 교회는 세례를 베풀 때 세례 후보자가 회심을 했는지 여부를 확인하지 않습니다. 단순히 교회에 출석하고 외적인 신앙고백이 있으면 구원받은 자로 간주합니다.

교회가 영적으로 느슨해지고 뜨뜻미지근해지면 위선자들이 구성원의 다수를 차지하게 됩니다. 교회의 역사를 살펴보면, 교회가 외적으로 웅장하며 화려한 건물을 짓고 목회자가 세상적인 명예를 누린 시대에는 교회 안에 위선자가 넘쳐났습니다. 그럴수록 사탄이 하나님의 교회를 약화시키기 위해 아주 열심히 알곡 사이에 가라지를 덧뿌리기 때문입니다. 오늘날 한국교회도 이와 유사합니다. 그리스도의 원수인 사탄은 영적으로 느슨해지거나 영적으로 침체한 교회의 상태를 누구보다 잘 알기에 가라지를 덧뿌릴 기회를 놓치지 않습니다.

우리는 영적 분별력을 통해 누가 알곡이고 누가 가라지인지 분명히 구분해야 합니다. 하나님의 교회에 가라지가 덧뿌려지는 것을 막고 오직 알곡들이 풍성한 교회를 만들어야 합니다.

알곡

본문에서 좋은 씨가 뿌려진다는 것은 무엇을 나타냅니까? 하나님의 말씀이 심령에 뿌려져 그 위에 성령께서 역사하심으로써 그를 거듭나게 하신다는 것을 의미합니다. 좋은 씨는 하나님께서 구원의 은혜를 베푸신 참된 신자에게 뿌려지는데 그 씨가 자라나 알곡이 됩니다.

생명이 뿌려지고 자라나 열매를 맺는다는 것은 거듭남과 성화의 증거가 분명하다는 뜻입니다. 그러므로 성령께서 역사하셔서 심령이 갱신된 자는 그 특징을 분명히 드러냅니다. 그는 성령의 역사로 인해 자신의 죄악을 철저히 깨닫고 죄를 슬퍼하며, 또한 죄를 미워하고 죄와 싸우게 됩니다. 이러한 과정을 겪는 참된 신자는 자신의 믿음을 감출 수 없으며 자연스레 외적으로 나타나게 됩니다.

참된 신자의 첫 번째 특징은 자신이 하나님의 은혜로 하나님의 자녀가 되었다는 사실에 감사한다는 것입니다. 성령께서 확신을 주시기 때문에 그는 그리스도를 믿는 일에 어려움이 있더라도 결코 포기하지 않습니다. 끝까지 그리스도를 붙잡습니다. 그래서 그는 그리스도를 소중히 여기며, 그리스도의 탁월성과 아름다움을 찬양합니다. 뿐만 아니라 그리스도를 증거하는 일에도 열심을 다합니다.

이와 같이 진정한 구원의 은혜를 경험하는 신자에게는 성령의 강력한 역사가 그 심령에 일어나기에 참된 구원의 증거가 외적으로 분명히 나타납니다.

좋은 씨는 성장의 과정 가운데 은혜의 증거를 더욱 드러냅니다. 진정한 믿음은 신자로 하여금 그리스도께 연합되게 합니다. 그리스도께 연합된 진정한 신자는 그리스도 안에서 성장하게 됩니다. 그리스도 안에 구원의 은덕들이 마련되어 있기 때문입니다. 그 은덕들을 누릴 때 진정한 신자는 성장할 수밖에 없습니다. 더욱이 성령께서는 택한 자들에게 구원의 은혜를 적용하십니다. 이처럼 심령에 거룩한 성품과 거룩한 삶의 원리가 새겨진 자가 성장하는 것은 필연적입니다.

구원의 은혜를 가진 참된 신자는 이제 성령을 따라 살아갑니다. 성령을 따라 산다는 것은 하나님의 말씀, 즉 성경에 기록된 율법과 계명을 지키는 것입니다. 구원받은 자는 은혜로 살기 때문에 계명을 지키지 않아도 된다는 가르침은 거짓입니다. 이것은 가라지들이 자주 하는 주장입니다. 도덕율폐기론이라 하는데 성경을 바로 이해하지 못한 데서 나오는 오류입니다.

구원의 은혜가 있는 자는 오히려 계명을 지키려고 애를 쓰게 됩니다. 왜냐하면 계명은 거룩하고 선하고 의로운 것이기 때문입니다. 구원받기 이전에 우리는 은혜가 없었기에 계명을 지키려고 해도 지킬 수 없었습니다. 그때 계명은 다만 우리의 죄를 드러낼 뿐이었습니다.

"그런즉 우리가 무슨 말을 하리요 율법이 죄냐 그럴 수 없느니라 율법으로 말미암지 않고는 내가 죄를 알지 못하였으니 곧 율법이 탐내지 말라 하지 아니하였더라면 내가 탐심을 알지 못하였으리라"(롬 7:7).

구원받은 자에게 율법은 거룩을 추구하기 위해 필요한 수단이 됩니다. 진정한 신자에게는 성령을 따라 자신의 죄악된 본성과 육신을 죽이는 모습이 그 증거로 나타납니다. 왜냐하면 거듭났을지라도 아직 우리 안에는 죄악된 본성과 부패성이 그대로 남아있기 때문입니다. 그러므로 거룩한 경건의 연습을 통해 자신의 죄악된 본성을 죽여야 합니다. 그렇지만 이것은 우리 자신의 힘으로 되는 것이 아닙니다. 오직 성령의 도우심을 통해서만 가능합니다.

한편으로 구원의 은혜가 있는 진정한 신자에게는 그 심령에 심겨진 거룩한 성품으로 인하여 하나님의 의를 추구하는 모습이 나타납니다. 진정한 신자는 무엇보다 하나님의 공의를 사랑하고 추구하는 자입니다. 또한 그는 인자를 사랑하고 겸손히 행합니다. 그러나 경건을 위해 노력하는 것은 쉬운 일이 아닙니다. 우리는 늘 하나님의 은혜의 수단을 통해 경건에 이르기를 연습해야 합니다.

참된 신자는 하나님의 말씀의 수단 아래에서 그리스도의 장성한 분량에 이르기까지 성장하도록 최선을 다해야 합니다. 그러나 강단에서 외치는 목회자들의 말이라 해서 모두 은혜의 수단인 것은 아닙니다. 그러므로 강단에서 행해지는 설교를 듣는 일에 매우 주의해야 합니다.

그저 사람의 귀에 듣기 좋고 재미있고 거슬리지 않는 것만 전하는 부드러운 말씀을 통해서는 하나님께서 우리에게 은혜를 내리시지 않습니다. 오직 성경 그 자체를 통해 하나님께서 우리에게 주신 구원의 도를 전해주는 말씀, 딱딱하지만 우리 영혼의 양식이 되는 그 말씀을 경청해야 합니다. 사람들의 간증이나 듣고 즐거워하기보다는 하나님의 말씀 그 자체로 은혜를 받아야 합니다.

말씀을 듣고 이해하는 수준이 높아지면 우리의 기도도 함께 수준이 높아집니다. 무엇을 달라하는 어린아이식 기도에서 벗어나 그의 나라와 의를 구하는 기도로 내용이 바뀝니다. 이러한 표식들은 참된 신자가 그리스도 안에서 성장하고 있다는 외적 증거들입니다. 더욱이 이러한 표식들은 위선자들이 흉내 낼 수 없는 것입니다.

딱딱한 교리적 설교가 아닌 세상의 예화나 즐거운 이야기의 설교가 우세해지면 사탄이 가만히 나타나 알곡들 사이에 가라지를 덧뿌립니다. 그 결과 교회 안에는 위선자가 번성하게 됩니다. 강단에서 하나님의 말씀이 구원론적으로 강론되거나 논증되지 않고, 사람들의 귀만 즐겁게 하는 간단하고 가벼운 설교만 전해진다면, 필경 그러한 설교를 듣는 교인 대부분은 아예 성장을 못 하거나 그곳에는 가라지만 남을 수밖에 없습니다.

추수기에 이르면 참된 신자에게는 그 열매들이 분명하게 나타납니다. 예수님께서는 그가 진정한 구원백성인지 열매를 통해 안다고 말씀하셨습니다. 씨나 뿌리로 안다고 말씀하시지 않았습니다. 가라지와 알곡의 씨는 모양이 거의 비슷하기 때문입니다. 싹이 나도 구별하기 어렵습니다. 뿌리도 마찬가지입니다. 구별할 수 있는 것은 열매가 열렸을 때입니다. 씨나 뿌리로는 가라지인지 알곡인지 구별할 수 없습니다. 구원도 이와 같습니다. 오직 그 열매로 알 수 있습니다.

많은 사람들은 열매가 없으면서도 과거에 신앙고백을 했으니 구원받은 것 아니냐며 반문합니다. 또 설마 하나님께서 열매가 없다는 이유로 자기 백성 삼으신 자녀를 버리시겠냐며 묻습니다. 그들은 더 나아가 한 번 구원하기로 예정하신 자기 백성을 하나님께서 어떻게 버리실 수 있느냐고 따집니다. 그러나 이 논리는 씨와 뿌리의 생김새가 비슷하니 자신은 하나님의 백성이라 주장하는 것과 같습니다. 그러나 예정된 백성은 그 열매로 안 다고 성경은 분명히 말합니다.

성화의 열매가 나타날 때에야 비로소 그 사람이 구원받기로 예정된 백성인지 아닌지를 확인할 수 있습니다. 하나님의 예정 의 목적은 우리로 하여금 이 세상에서 그 아들의 형상을 본받게 하려는 것입니다. 하나님께서 예정하셨다고 해서 우리가 죄악 된 본성과 습성을 가지고 세상의 풍조를 따라 살아도 괜찮다는 뜻은 아닙니다.

"하나님이 미리 아신 자들을 또한 그 아들의 형상을 본받게 하기 위하여 미리 정하셨으니 이는 그로 많은 형제 중에서 맏 아들이 되게 하려 하심이니라"(롬 8:29).

추수기에 참된 신자에게서 분명히 나타나는 열매는 무엇입니 까? 바로 성령의 열매입니다. 사도 바울은 사랑, 기쁨, 화평, 오 래 참음, 친절함, 선함, 충성, 온유와 절제로 성령의 열매가 나타 난다고 말했습니다(갈 5:22, 23). 사도 베드로는 믿음, 덕, 지식, 절 제, 인내, 경건, 형제 우애, 사랑과 같은 경건의 열매들이 나타난 다고 말했습니다(벧후 1:5-8). 베드로는 이러한 열매들이 없는 자는 구원의 은혜가 없는 자라고 단언했습니다.

진정으로 그리스도의 보혈로 죄 용서함을 받고 자신이 어떻게 무엇으로부터 구원받았는지를 알게 된다면, 이러한 열매들이 더욱 풍성하게 맺히도록 수고할 수밖에 없습니다. 또한 이러한 열매들이 있을 때 진정한 하나님의 백성으로 드러나는 것입니다. 이때 그리스도의 영원한 나라에 넉넉히 들어감을 얻는다고 성경은 말합니다.

"이같이 하면 우리 주 곧 구주 예수 그리스도의 영원한 나라에 들어감을 넉넉히 너희에게 주시리라"(벧후 1:11).

혹자는 사도들의 이러한 말씀에 대해 "그렇다면 우리는 행위로 구원받는 것이 아닙니까?"라고 질문합니다. 분명히 말씀드리지만 우리는 행위로 구원받는 것이 아닙니다. 진정한 구원의 은혜가 있는 자는 그리스도에게 연합되어 그 가운데 성장하기 때문에 필연적으로 경건의 열매들이 나타납니다. 이러한 열매들은 결국 눈으로 볼 수 있도록 나타나기에 그때 구원받았다는 증거가 되는 것입니다.

이 사실을 바로 알고 경건의 열매를 맺기 위해 애쓰는 자에게는 진정한 구원의 은혜가 있습니다. 열매를 맺으려고 노력하는 자는 자신의 연약함과 무능을 깨닫게 됩니다. 그래서 자신을 의지하는 것이 아니라 은혜를 의지하게 되며, 은혜의 원천이 되시는 그리스도 안에 머물려고 합니다. 그 결과 그 은혜에 의해 열매가 맺힙니다.

우리가 열매를 맺는 것이 아니라 주님의 은혜로 우리에게서 열매가 나오는 것입니다. 진정한 구원의 은혜가 있는 자는 자신의 힘이나 능력으로 된 것이 아니라 오직 주님의 은혜로 열매 맺게 되었다고 자연히 고백합니다. 그리고 모든 원인을 하나님의 은혜로 돌립니다.

"그러나 내가 나 된 것은 하나님의 은혜로 된 것이니 내게 주신 그의 은혜가 헛되지 아니하여 내가 모든 사도보다 더 많이 수고하였으나 내가 한 것이 아니요 오직 나와 함께 하신 하나님의 은혜로라"(고전 15:10).

알곡, 곧 참된 신자는 나아가 자신의 구원을 점검합니다. 자신도 모르는 사이에 잘못된 가르침이 들어와 자신을 육적으로 만들지는 않았는지 늘 점검합니다. 마음속에 세상의 그 어떤 가치관과 풍조가 들어오지는 않았는지 점검합니다. 참된 신자의 자기 점검은 성령의 은혜 아래에서 하는 것입니다. 자기를 점검할 때 성령께서 역사하셔서 우리도 모르는 사이에 들어온 오류와

죄들을 드러내시고 우리를 회개로 이끄십니다.

그러나 가라지, 곧 위선자인 거짓 신자들은 스스로 교만해져서 자신에게 있지도 않는 구원을 마치 있는 것처럼 착각하며 여전히 육신적으로 살아갑니다. 당연히 자신이 은혜 아래 있는지 그 여부도 점검하지 않습니다. 그렇기에 시간이 지날수록 은혜가 없다는 증거와 그 열매들이 나타나는 것입니다. 우리는 자신이 알곡인지 혹은 가라지인지 이 땅에서 점검함으로써 진정한 구원의 열매를 나타내는 알곡으로 살아가야 합니다.

¹그 때에 천국은 마치 등을 들고 신랑을 맞으러 나간 열 처녀와 같다 하리니 ²그 중의 다섯은 미련하고 다섯은 슬기 있는 자라 ³미련한 자들은 등을 가지되 기름을 가지지 아니하고 ⁴슬기 있는 자들은 그릇에 기름을 담아 등과 함께 가져갔더니 ⁵신랑이 더디 오므로 다 졸며 잘새 ⁶밤중에 소리가 나되 보라 신랑이로 다 맞으러 나오라 하매 ⁷이에 그 처녀들이 다 일어나 등을 준비할새 ⁸미련한 자들이 슬기 있는 자들에게 이르되 우리 등불이 꺼져가니 너희 기름을 좀 나눠 달라 하거늘 ⁹슬기 있는 자들이 대답하여 이르되 우리와 너희가 쓰기에 다 부족할까 하노니 차라리 파는 자들에게 가서 너희 쓸 것을 사라 하니 ¹⁰그들이 사러 간 사이에 신랑이 오므로 준비하였던 자들은 함께 혼인 잔치에 들어가고 문은 닫힌지라 ¹¹그 후에 남은 처녀들이 와서 이르되 주여 주여 우리에게 열어 주소서 ¹²대답하여 이르되 진실로 너희에게 이르노니 내가 너희를 알지 못하노라 하였느니라 ¹³그런즉 깨어 있으라 너희는 그 날과 그 때를 알지 못하느니라

_마태복음 25:1-13

2

슬기로운 처녀입니까?
미련한 처녀입니까?

미련한 다섯 처녀와 슬기로운 다섯 처녀의 비유는 유형교회 (有形敎會, visible church)의 교인들이 모두 구원받은 백성은 아니라는 사실을 보여줍니다. 다시 말해 자신은 교인이라 말하며 신앙고백도 있고 종교적 행위까지 있을지라도 그들 가운데 구원이 있는 자들과 없는 자들이 섞여 있다는 것입니다.

이 비유에서 슬기로운 처녀들은 구원의 은혜가 있는 자들을 말합니다. 반면 미련한 처녀들은 구원의 은혜가 없는 자들입니다. 물론 슬기로운 처녀들이나 미련한 처녀들의 외형적 모습은 차이가 없습니다. 등을 마련해 신랑을 기다리는 모습은 슬기로운 처녀들뿐 아니라 미련한 처녀들에게도 똑같이 나타납니다.

이처럼 세상에 있을 때는 슬기로운 처녀들과 미련한 처녀들 모두 드러나는 신앙고백이 있습니다. 똑같이 교회에서 신앙의 의무를 수행합니다. 그러나 신랑이 오는 시점에 이르면 둘은 확연이 구별됩니다.

말씀을 보면, 슬기로운 처녀들은 기름이 충분했던 반면 미련한 처녀들은 기름이 충분하지 않았습니다. 그래서 미련한 처녀들이 기름을 사러간 사이 슬기로운 처녀들은 혼인잔치에 들어갔습니다. 미련한 처녀들이 돌아왔을 때는 이미 문이 닫힌 상태였습니다. 그래서 그들은 혼인잔치에 들어갈 수 없었습니다.

슬기로운 처녀들과 미련한 처녀들은 겉으로 차이가 거의 없지만 결과를 볼 때는 이처럼 엄청난 차이가 있습니다. 슬기로운 처녀들은 구원을 얻었으며 미련한 처녀들은 구원을 얻지 못했습니다. 이 둘은 무엇이 어떻게 달랐던 것입니까?

미련한 처녀들

미련한 다섯 처녀들은 등을 들고 신랑을 맞으러 나갔습니다. 이들은 곧 그리스도를 믿는다고 고백한 자들로서 교회에 출석하고 동료 신자들과 교제도 나누며 자신의 입술로 그리스도를 사랑한다고 말하는 자들입니다.

미련한 처녀들은 신랑의 존재를 알았으며 신랑이 오기를 기다렸습니다. 이런 외형적 모습만 볼 때 그들은 전혀 어리석어 보이지 않으며 구원받은 자들 같습니다. 미련한 처녀들은 하나님과 그리스도에 대한 지식을 들었고 구원에 관한 교리도 배웠으며 또 그 배움에 근거해 자신의 신앙고백도 했습니다. 그러나 그들이 가진 지식은 단지 그들의 머리만을 채웠을 뿐입니다. 그것만으로는 부족합니다. 미련한 다섯 처녀는 결정적인 순간에 기름이 부족했습니다.

그들은 그리스도께서 자신의 죄를 속하기 위해 십자가에 달려 돌아가신 것을 알고 또 그것을 믿는다고 말하지만, 실제로는 그러한 지식 위에 있어야 할 성령의 역사가 없습니다. 이러한 믿음을 역사적 믿음(historical faith)이라 부르는데, 그 자체로는 구원에 이르지 않습니다. 이는 그저 역사적 사실을 인정하는 차원의 믿음으로서 귀신들도 가지는 것입니다.

"네가 하나님은 한 분이신 줄을 믿느냐 잘하는도다 귀신들도 믿고 떠느니라"(약 2:19).

미련한 처녀들은 성경에 대해 다만 개념을 이해하는 차원의 지식만을 가졌습니다. 그러나 이는 하나님께서 성도에게 단번에 주신 구원의 믿음이 아닙니다. 미련한 처녀들이 가진 하나님에 대한 지식은 피상적이며 자기 주관적이고 또한 개인의 체험을 의지합니다. 그들은 놀라운 이적을 체험했을 수도 있습니다. 하지만 하나님에 대한 지식이 얕아서 자신의 생각대로 하나님을 믿고 예배합니다.

이스라엘 백성을 생각해 보십시오. 그들은 애굽에서 열 가지 재앙을 통해 엄청난 하나님의 능력을 경험했습니다. 또한 육지를 건너듯 홍해를 건넜고 시내산에서 하나님과 언약도 맺었습니다. 그러나 모세가 하나님으로부터 계명을 받는 동안 그들은 심령이 부패해져서 금송아지를 만들었습니다. 그리고 그것을 하나님이라 부르며 섬겼습니다. 그들은 하나님에 대한 피상적인 지식은 가졌지만 심령이 갱신되지 않았기에 부패된 심령으로 우상숭배의 죄에 빠진 것입니다. 이스라엘 백성은 외형적으로는 하나님의 백성의 모습을 하고 있었습니다. 그러나 하나님께서는 우상숭배에 빠진 그들을 향해 자신의 백성이 아니라고 분명하게 말씀하셨습니다.

미련한 처녀들이 가진 그리스도에 대한 지식은 온전하지 않았습니다. 그들은 마음의 생각과 어리석음으로 인해 구원을 잘못 이해합니다. 자신의 의지에 근거한 결심을 구원의 믿음이라 착각하는 것입니다. 그런 의지와 결심은 성령의 역사에 의한 것이 아닙니다. 인간의 설득과 감정적인 면에 영향을 받은 것입니다. 심령 속에 성령의 역사로 인한 변화가 전혀 없는 상태에서 자신의 의지만으로 믿겠다고 결심하는 것입니다. 이런 경우 의지나 결심이 약해지거나 신앙을 고백한 결과 어려움이 따르면 끝내 결심을 포기하고 자신의 신앙고백을 버립니다. 미련한 처녀들이 혼인잔치에 참석하지 못한 이유가 바로 이것입니다.

오늘날도 보면 하나님을 아는 바른 구원의 지식이 아닌 인간의 의지와 결단에 근거한 구원을 전하는 교회들이 많습니다. 그러한 가르침은 신자로 하여금 진정한 구원에 이르는 믿음의 지식이 무엇인지 바로 알지 못하게 합니다. 우리 주 예수 그리스도를 아는 지식이 이 세상 그 어떤 지식보다 가장 위대하고 놀라운 지식임에도 불구하고 그 지식의 원천으로 들어오지 못하고 겉만 핥다가, 구원받은 것 같으나 끝내는 미련한 다섯 처녀로 전락하는 안타까운 현실이 우리 앞에 있습니다.

미련한 처녀들은 등을 준비하는 것에만 마음을 두었지 기름에 대해서는 신경 쓰지 않았습니다. 등을 관리하는 일은 매일 해야하는 작업입니다. 등의 기름을 확인해 비었으면 채워놓고, 심지를 청소하고 유리를 닦아주는 등 여러 가지 작업이 요구됩니다.

그러나 미련한 처녀들은 이러한 것에 주의를 기울이지 않았습니다. 특히 그들에게 필요한 기름을 충분히 준비하는 데 실패했습니다.

이것은 무엇을 의미합니까? 미련한 처녀들은 구원에 이르는 은혜를 공급받는 데 관심이 없었습니다. 다만 자신들의 의지에 근거한 신앙고백만으로 신앙생활을 유지하고자 했습니다. 즉 처음 믿을 때의 피상적인 신앙고백 하나만을 가지고 자신은 구원받았으며 천국에 들어갈 것이라 막연히 기대하면서 세상에서 육신적인 삶을 이어 나가는 것입니다.

이러한 사람들은 죄를 짓는 데 두려움이 없습니다. 일상생활 속에서 경건에 이르기를 연습하지 않습니다. 그들에게는 삶의 거룩함에 대한 경외와 추구가 나타나지 않습니다. 한마디로 말해 이들은 구원의 은혜가 없는데도 스스로를 속이며 구원받은 줄 착각합니다. 뿐만 아니라 하나님께서 성도에게 단번에 주신 구원에 이르는 믿음을 얻는 일에도 무지합니다. 나아가 이 세상의 삶은 하나님의 은혜를 구하는 것이라는 믿음의 지식에도 부족한 어리석은 자들입니다.

미련한 처녀들의 심령은 성령으로 갱신되지 않았습니다. 그래서 그들의 심령은 여전히 부패한 상태입니다. 부패한 심령은 육신적인 성향을 따르기 때문에 그리스도의 십자가를 지기 싫어합니다. 그들은 가볍고 쉬운 것만 추구하며 세상의 영광과 번영을 바랍니다. 성령을 통한 변화가 없는 그들은 그리스도 안에서 누리는 영혼의 안식과 평안을 알지 못합니다. 그래서 인생길에 어려움과 역경이 찾아오면 자신이 했던 믿음의 고백에서 떠나 세상으로 줄달음칩니다.

미련한 처녀들이 혼인잔치에 참여하지 못한 또 다른 영적인 이유가 있습니다. 바로 그들의 믿음이 구원에 이르는 온전한 은혜로 말미암은 성령의 역사에서 출발하지 않았기 때문입니다. 그들은 죄에 대한 각성이 없습니다. 다만 이 세상에서 부와 형통과 즐거움을 누리는 것같이 천국을 이해하며 그들이 생각하는 천국에 가고자 교회에 나옵니다.

따라서 그들은 영혼의 구원이라는 최종 종착역에 이르지 못합니다. 그들도 처음에는 강한 열정을 나타낼 수 있습니다. 그러나 성령의 역사에 의한 것이 아니라 자신의 감정적 체험에 근거한 것이기에 그들의 열정은 끝까지 가지 못합니다.

성령의 역사에 의한 죄에 대한 자각이 없는 그들은 그래서 자신이 하나님 앞에서 얼마나 불의한지 깨닫지 못한 영적 상태로 종교생활을 합니다. 교회에 등록하고 예배에 참석하지만 성령의 역사로 인한 심령의 변화가 없습니다. 마치 연기만 피우다가 결국 불이 붙지 않고 꺼져버린 경우와 같습니다.

미련한 처녀들의 등에도 처음에는 불이 있었습니다. 그러나 그렇다고 해서 구원이 주어진 것은 아니었습니다. 그들에게 있었던 열정은 일시적인 것이었습니다. 그들은 다만 자신의 일시적인 감정적 체험들을 신앙적인 체험으로 생각합니다. 그래서 자신의 심령에 구원의 은혜가 없어도 은혜가 있는 것으로 착각하는 것입니다.

성경은 한 번 빛을 받고 하늘의 은사를 맛보고 성령에 참여한 바 되고 하나님의 선한 말씀과 내세의 능력을 맛보았으나 마지막에 불사름을 당한 자들(히 6:4, 5)에 대해 이야기합니다. 그들은 진리를 제대로 알지 못해 구원의 은혜를 착각하는 자들입니다. 그들 안에는 그리스도의 의가 없었지만, 그들은 그저 하나님을 알고 구원에 대한 피상적 지식을 가졌다는 이유만으로 구원을 받았다며 스스로 판단하는 잘못을 저지릅니다.

이처럼 미련한 처녀들은 스스로를 속입니다. 그러나 자신들의 어리석음을 깨달았을 때는 이미 늦습니다. 천국으로 들어가는 문은 닫히고 기회는 사라졌습니다. 따라서 이 땅에 사는 동안 자신이 진정한 구원의 은혜의 상태에 있는지 시험하고 점검하는 일이 대단히 중요합니다.

슬기로운 처녀들

슬기로운 다섯 처녀들은 신랑을 맞이하기에 충분한 기름을 가진 자들입니다. 여기서 기름이 충분하다는 것은 구원을 유효하게 하는 성령의 역사가 온전했다는 사실을 의미합니다. 즉 그들은 성령의 역사에 의해 자신이 죄인이라는 사실을 철저히 깨달았습니다. 그래서 죄 용서함을 받으려면 그리스도가 절대적으로 필요하다는 사실을 알았습니다.

슬기로운 처녀들의 심령에는 신앙고백이 있을 뿐 아니라 은혜의 원리가 새겨져 있습니다. 따라서 이들은 거룩을 추구하는 삶을 지속합니다. 슬기로운 처녀들의 등불이 꺼지지 않고 계속해서 탈 수 있었다는 것은 성령의 기름이 계속해서 그들에게 공급되었음을 의미합니다.

그렇기에 슬기로운 처녀들은 진정한 구원의 지식을 가집니다. 그들은 그리스도의 소중함을 알고 있으며 그 앎을 자신에게 적용합니다. 그리스도의 십자가 죽음이 바로 자신의 죄를 속하기 위한 것임을 알고 있습니다. 뿐만 아니라 그 진리를 영적으로 체험한 자들입니다.

그들은 자신 안에는 하나님 앞에서 옳다 인정받을 그 어떤 의도 없으며, 오직 그리스도의 의로만 자신의 불의를 덮을 수 있다는 사실 역시 알고 있습니다. 그들은 구원에 이르는 지식 위에 더해지는 성령의 역사로 구원의 분명한 체험을 가집니다. 그래서 구원의 은혜를 소중히 여기며 시험과 유혹이 오더라도 결코 그리스도를 포기하거나 버리지 않습니다. 오히려 인내와 순종으로 구원의 불을 밝힙니다.

슬기로운 처녀들 안에 있는 **진정한 구원의 은혜는 외적인 삶으로 분명히 증거됩니다.** 물론 미련한 처녀들 또한 슬기로운 처녀들의 경건한 삶을 어느 정도 흉내 내며 따라올 수 있습니다. 그러나 끝까지 따라오지는 못합니다. 슬기로운 처녀들은 죄를 인식하며 그 죄를 대하는 태도가 다릅니다. 그들은 죄의 처절함과 끔찍함을 영적으로 깨달은 자들입니다. 그리고 죄를 다루시는 성령의 역사로 인해 죄의 무게가 참으로 치명적이며 그들의 영혼을 파탄시키기에 충분할 만큼 강력하다는 사실을 인식하고 있습니다.

그래서 그들은 회심한 이후에도 죄에 대해 겸손합니다. 죄를 가볍게 여기지 않고 경계하며 주의를 기울입니다. 그들은 죄를 짓지 않기 위해 혹시 자신의 심령이 교만해지지는 않았는지 조심합니다. 자신이 죄를 이길 수 있다고 자만하면 죄의 유혹을 받아 마침내는 죄를 짓게 된다는 사실을 알기 때문입니다.

슬기로운 처녀들은 그리스도와 함께 자신의 부패성을 십자가에 못 박았기 때문에 자신의 몸이 죄의 도구가 되지 않도록 영적으로 부지런히 살핍니다. 사도 바울은 자신은 날마다 죽노라고 고백했습니다. 그 말은 자기 내면에 있는 죄성이 자신을 주관하지 못하도록 날마다 자신을 겸손하게 만든다는 의미입니다. 이렇게 죄에 대해 겸손해져야 죄에 대해 저항할 수 있습니다. 그래야 죄가 우리를 주관하지 못합니다.

슬기로운 처녀들은 믿음이 충만한 자들을 의미합니다. 그들은 구원의 은혜와 받은 구원을 유지하는 계속적인 은혜를 얻기 위해 그리스도를 부지런히 찾습니다. 특별히 성령께서는 우리의 연약함과 부족함을 깨닫게 하셔서 우리로 하여금 그리스도를 찾게 하십니다. 이처럼 슬기로운 처녀들은 자신의 능력과 판단을 신뢰하지 않고 오직 그리스도께 나아가 은혜를 구하는 자의 표상입니다.

날마다 부지런히 진리를 찾고 기름을 준비한다는 것은 성령을 의지하는 삶을 의미합니다. 여기서 미련한 처녀들과 슬기로운 처녀들의 차이가 확연히 드러납니다. 위선자인 미련한 처녀들은 자신의 부족을 인식하면서도 자신의 경험과 능력을 신뢰하기에 그리스도를 찾지 않습니다. 그들은 더욱 교만해져서 자

신의 의로움을 드러냅니다. 반면 슬기로운 처녀들은 그리스도
의 탁월성과 그리스도 안에 있는 은혜의 소중함, 그리고 필요성
을 알고 있습니다. 그래서 그들은 계속해서 그리스도를 부지런
히 찾습니다.

슬기로운 처녀들은 영적으로 겸손하기 때문에 결코 자기의 의
를 내세우지 않습니다. 모든 일의 공로를 오직 주님께만 돌립니
다. 슬기로운 처녀들은 마지막까지 신랑을 맞을 준비를 철저하
게 합니다. 성령을 따라 행하는 그들의 모습은 미련한 처녀들이
결코 흉내 낼 수 없는 영적 성품입니다.

구원의 은혜는 분명해서 사람들의 눈에 반드시 보입니다. 바
울은 구원의 은혜가 지니는 눈에 보이는 특징으로서 경건치 않
은 것과 세상 정욕을 버리는 일을 언급했습니다. 그리고 신중함
과 의로움과 경건함으로 이 세상에 살면서 그리스도의 영광이
나타나는 것을 기다리는 것이라고 덧붙였습니다.

슬기로운 처녀들은 성령을 따라 행함으로 계명을 지킵니다.
사도 요한은 계명을 지키는지 여부로 구원을 확인할 수 있다고
말했습니다.

"우리가 그의 계명을 지키면 이로써 우리가 그를 아는 줄로
알 것이요"(요일 2:3).

슬기로운 처녀들은 성령으로 자신의 육신과 부패성을 죽입니다. 자신의 죄악 된 본성에서 나오는 죄에 대해 잘 알기에 성령을 의지함으로 죄를 죽이고자 노력합니다. 따라서 그들의 은혜로운 삶은 등경 위에 둔 밝은 등불처럼 그들이 누구인지 사람들 눈에 밝히 드러냅니다.

슬기로운 처녀들은 또한 은혜의 수단들을 부지런히 사용합니다. 그들은 열심을 내어 하나님의 말씀을 듣고 부지런히 기도합니다. 참된 신자라 할지라도 세상의 유혹을 계속해서 받기 때문입니다. 그러므로 우리에게는 은혜의 수단들이 필요합니다.

슬기로운 처녀들은 은혜의 수단인 말씀과 기도를 통해 유혹을 물리치고 자신의 심령 가운데 세상적 사고방식과 풍습이 자리 잡지 못하게끔 수고합니다. 그들은 하나님의 전신갑주를 입음으로써 육신의 정욕을 이용해 공격하는 마귀의 궤계를 부지런히 물리칩니다.

"우리를 양육하시되 경건하지 않은 것과 이 세상 정욕을 다 버리고 신중함과 의로움과 경건함으로 이 세상에 살고 복스러운 소망과 우리의 크신 하나님 구주 예수 그리스도의 영광이 나타나심을 기다리게 하셨으니"(딛 2:12, 13).

열 처녀 가운데 슬기로운 다섯 처녀에게서 바로 이러한 거룩한 습성들이 나타났습니다. 아무리 화려한 신앙고백을 하고 아무리 열심 있는 종교적 행위들을 하더라도 그 마음이 세상의 가치관과 세상의 것들로 가득 찼다면 그는 위선자로서 미련한 다섯 처녀입니다.

예수님을 열심히 따라다녔던 자들 중에도 그 마음이 세상의 영광으로 가득 찼던 자들이 있었습니다. 그들의 끝은 어떠했습니까? 미련한 다섯 처녀였던 그들은 결국 그리스도의 영광의 나라에 들어가지 못했습니다.

오늘날 한국교회 안에도 미련한 다섯 처녀들이 참된 신자들과 똑같은 모습으로 공존하고 있습니다. 이 둘의 차이를 외적으로 구별하기는 쉽지 않습니다. 그러나 그들의 심령에 확고한 구원의 은혜가 있는지 여부는 결국 드러나게 되며 그 결과는 큰 차이로 나타납니다. 따라서 우리는 지금 이 땅에서 우리 자신에게 있는 구원의 은혜의 진정성을 시험하여 확증해야 합니다.

"너희는 믿음 안에 있는가 너희 자신을 시험하고 너희 자신을 확증하라 예수 그리스도께서 너희 안에 계신 줄을 너희가 스스로 알지 못하느냐 그렇지 않으면 너희는 버림 받은 자니라"

(고후 13:5).

아직은 부족하고 연약한 가운데 슬기로운 처녀들에게 있는 구원의 증거와 은혜들이 나타난다면 그것은 온전히 하나님으로부터 받은 은혜입니다. 따라서 하나님께 감사해야 합니다. 손바닥과 손등이 하나의 손인 것처럼 은혜와 감사는 하나입니다. 오늘 여러분의 구원을 시험하고 확증하는 슬기로운 처녀들이 되시기를 바랍니다.

³¹인자가 자기 영광으로 모든 천사와 함께 올 때에 자기 영광의 보좌에 앉으리니 ³²모든 민족을 그 앞에 모으고 각각 구분하기를 목자가 양과 염소를 구분하는 것 같이 하여 ³³양은 그 오른편에 염소는 왼편에 두리라 ³⁴그 때에 임금이 그 오른편에 있는 자들에게 이르시되 내 아버지께 복 받을 자들이여 나아와 창세로부터 너희를 위하여 예비된 나라를 상속받으라 ³⁵내가 주릴 때에 너희가 먹을 것을 주었고 목마를 때에 마시게 하였고 나그네 되었을 때에 영접하였고 ³⁶헐벗었을 때에 옷을 입혔고 병들었을 때에 돌보았고 옥에 갇혔을 때에 와서 보았느니라 ³⁷이에 의인들이 대답하여 이르되 주여 우리가 어느 때에 주께서 주리신 것을 보고 음식을 대접하였으며 목마르신 것을 보고 마시게 하였나이까 ³⁸어느 때에 나그네 되신 것을 보고 영접하였으며 헐벗으신 것을 보고 옷 입혔나이까 ³⁹어느 때에 병드신 것이나 옥에 갇히신 것을 보고 가서 뵈었나이까 하리니 ⁴⁰임금이 대답하여 이르시되 내가 진실로 너희에게 이르노니 너희가 여기 내 형제 중에 지극히 작은 자 하나에게 한 것이 곧 내게 한 것이니라 하시고 ⁴¹또 왼편에 있는 자들에게 이르시되 저주를 받은 자들아 나를 떠나 마귀와 그 사자들을 위하여 예비된 영원한 불에 들어가라 ⁴²내가 주릴 때에 너희가 먹을 것을 주지 아니하였고 목마를 때에 마시게 하지 아니하였고 ⁴³나그네 되었을 때에 영접하지 아니하였고 헐벗었을 때에 옷 입히지 아니하였고 병들었을 때와 옥에 갇혔을 때에 돌보지 아니하였느니라 하시니 ⁴⁴그들도 대답하여 이르되 주여 우리가 어느 때에 주께서 주리신 것이나 목마르신 것이나 나그네 되신 것이나 헐벗으신 것이나 병드신 것이나 옥에 갇히신 것을 보고 공양하지 아니하더이까 ⁴⁵이에 임금이 대답하여 이르시되 내가 진실로 너희에게 이르노니 이 지극히 작은 자 하나에게 하지 아니한 것이 곧 내게 하지 아니한 것이니라 하시리니 ⁴⁶그들은 영벌에, 의인들은 영생에 들어가리라 하시니라

_마태복음 25:31-46

3
양입니까?
염소입니까?

양과 염소의 비유는 마지막 심판의 때에 참된 신자와 거짓 신자, 즉 영원한 생명 가운데로 들어가는 자와 영원한 심판에 처하게 되는 자를 분명히 구분하는 이야기입니다. 영원한 생명에 들어가는 자는 지극히 복된 상태에 거하게 되는 반면, 영벌에 처해지는 자는 말로 다 표현할 수 없을 정도의 끔찍한 고통에 있게 됩니다.

예수님께서는 참된 신자를 양으로, 거짓 신자를 염소로 표현하셨습니다. 왜 양과 염소입니까? 우리나라에서는 흔히 양과 염소라고 하면 털이 복슬복슬한 면양과 털이 없는 염소를 떠올리기 쉽습니다. 그러나 양과 염소에는 다양한 종이 있습니다. 본문에서 말하는 양과 염소는 팔레스타인 지방에서 서식하는 종류로 그 생김새가 비슷하여 멀리서는 구별하기 어렵습니다.

양과 염소의 생김새가 비슷하다는 것은 무엇을 뜻합니까? 교회 내에 있는 참된 신자와 거짓 신자는 서로 구별하기가 쉽지 않다는 의미입니다. 그러나 심판 때에는 이 둘의 차이가 분명히 드러나고 마침내 그들이 가는 최종 종착지가 극명하게 갈립니다. 따라서 양과 염소의 영적 특징과 그 차이를 살펴보고 우리의 영적 상태를 점검하는 지혜가 필요합니다.

염소

예수님께서 말씀하신 염소는 세상에서는 구원받은 참된 신자 같아 보이나 마지막 심판 날에는 거짓 신자로 판명되어 영원한 형벌에 처해지는 자들을 뜻합니다. 염소에 해당하는 자들은 은혜의 수단 아래 있지만 그 영향을 받지는 않습니다. 복음은 들었지만 그 복음이 그들의 심령을 변화시키는, 다시 말해 성령의 갱신케 하시는 변화가 일어나지 않은 명목상 그리스도인입니다. 이들은 양들 가운데 섞여 있지만 속사람의 심령에 성령의 갱신과 중생의 역사가 없습니다. 즉 염소이면서 양의 흉내를 내는 자들입니다.

염소에 해당하는 사람들은 영적인 원리에 무지해서 영적으로 주의를 기울이지 않습니다. 따라서 사탄과 세상의 유혹에 쉽게 넘어지며 죄를 짓습니다. 교회에서 그들은 다른 사람들마저 죄에 빠지게 하는 도구가 됩니다. 그들은 전혀 영적이지 않기 때문에 함부로 말하고 행동할 뿐 아니라 항상 교회를 소란하게 합니다. 그 심령이 거듭나지 않았기에 육신적 원리를 강조합니다. 특히 이들이 교회에서 직분을 맡을 때 교회는 육신적 원리에 이끌리게 됩니다.

사데 교회를 예로 들 수 있습니다. 사데 교회는 염소에 해당하는 자들이 교회를 주관했기 때문에 교회가 영적으로 죽어갔습니다. 교회가 이러한 상태에 이르면 하나님의 진정한 백성이 소수로 전락하고, 교회는 경건의 능력을 잃어 마침내 죽은 교회가 됩니다. 직분을 맡은 염소들은 진리를 배척하고 거짓된 가르침을 전파하기 때문입니다.

자신을 성도라 부르고 또한 교회 안에서 직분까지 맡은 자들이지만 염소에 해당하는 자들은 거듭나지 않은 상태로 교회 생활을 하기 때문에 세상적 원리로 교회와 영적인 일들을 판단합니다. 한국교회는 1980년대 이래로 교회성장학이라는 이론에 영향을 받고 있습니다. 그런데 교회성장학은 하나님의 말씀에서 성장의 원리를 끌어낸 것이 아니라 세상의 학문인 사회학, 문화인류학, 심리학으로부터 이론적 근거를 마련한 것입니다. 물론 이것은 사회과학이기에 일반은총의 범위에서 어떤 원리를 제공하는 것은 맞습니다.

그러나 교회는 사회적 기관이 아니라 영적 기관입니다. 이러한 세상의 원리를 따라갈 때 교회에 염소들이 증가합니다. 교회가 영적 기관에서 사회적 기관으로 전락하고, 더는 경건의 능력이 교회에 나타나지 않습니다.

최근의 교회성장학을 보면, 경영학의 이론을 따라 시스템과 프로그램 중심으로 나아가고 있습니다. 거듭나지 않은 사람들에게는 이러한 교회가 편합니다. 교회생활을 하는 데 있어 영적 부담감을 전혀 느끼지 않아도 되기 때문입니다. 수많은 교회들이 성장이라는 세상적 목표에 갇혀 세상의 여러 원리를 교회에 도입하고 있습니다. 이에 대한 결과로서 한국의 수많은 교회들은 양이 아닌 염소를 양산하는 교회가 되었습니다. 또한 지금도 계속 그렇게 되어 가는 중입니다.

더욱이 거듭나지 않은 자들에게 평안함과 안락함을 주기 위해 많은 교회들이 복음 대신 문화 콘텐츠를 제공하고 있습니다. 예정, 부르심, 중생, 구속, 믿음, 회개, 칭의, 심판, 지옥에 대한 설교들은 강단에서 사라진 지 이미 오래입니다. 양들이 예배드리고 양들이 주도하는 교회가 아니라 염소가 판을 치고 염소를 대량 생산 하는 교회가 되었습니다.

염소에 해당하면서 교회의 직분을 맡은 자들은 또한 교회에서 없는 사람들을 무시하고 약한 자들과 볼품없는 자들을 업신여 깁니다. 그들은 교만한 심령과 세상적 기준을 가지고 사람들을 외모로 판단합니다. 교회에서 돈 있는 자들을 우대하고, 사회적 지위가 있으면 거듭나지 않아도 직분을 줍니다.

반면 믿음은 있으나 가난하고 약한 자들, 그리고 작은 자들을 얕봅니다. 교인들의 한 푼 두 푼 내는 헌금의 중요성을 무시하 고, 엄청난 빚을 내서라도 세상적으로 화려하고 사치스럽고 큰 교회를 건축하려 부단히 노력합니다. 양들에게 좋은 꼴을 먹이 고 그들을 쉴만한 물가로 인도하려는 노력보다는 교회를 크고 화려하게 꾸며 자신의 능력을 나타내기 좋아합니다. 세상의 여 러 가지 프로그램을 끌어와서 양이 아닌, 놀고 즐기는 염소가 판 을 치게 합니다.

직분을 맡았든 맡지 않았든 염소에 해당하는 자들은 자신의 종교적 행위와 업적에 대해 스스로 찬양합니다. 그리고 그것들 로 자신의 의로움을 주장합니다. 자신이 거둔 세상적 성과를 두고 하나님께서 함께하신 결과라고 포장합니다. 자신이 주님께 무엇을 드렸고 교회 안팎에서 어떤 봉사를 했는지 세세히 기억합니다. 은혜로 한 것이 아니라 자신의 노력으로 하면서도 그들은 이 모든 행위가 주님을 향해 모든 의무를 다한 것이라 주장하는 것입니다.

그렇기 때문에 그들은 자신의 행위를 크게 생각하고 그 보상과 상급을 받으려 합니다. 이는 그들 안에 구원의 은혜가 없는 탓에 나타나는 성향입니다. 한마디로 그들은 모든 일을 은혜로 하는 자가 아니라, 보상을 바라며 자신의 공로를 내세움으로써 하나님 앞에서 불법을 행하는 자입니다.

그들은 비록 주님의 이름으로 행했다고 말하지만 주님과는 아무런 상관이 없습니다. 즉 그들의 행위는 구원의 놀라운 은혜의 결과로서 자원하는 심령으로 겸손히 한 거룩한 행위가 아닙니다. 어떤 공로에 대한 보상을 바라고 인간의 육신적 욕심에 근거한 행위입니다. 때문에 그들의 행위는 하나님 보시기에 모든 것이 다 불법입니다.

주님은 이러한 염소들을 향해 나는 너희를 처음부터 전혀 알지 못한다고 말씀하셨습니다. 염소는 참된 신자들 가운데 섞인 거짓 신자로서 구원의 은혜가 있어 보이나 실상은 없는 영원한 형벌에 처해질 자들입니다.

양

예수님께서 양과 염소를 분리하실 때 그분은 자신의 양들을 아시기에 양들의 이름을 부르셔서 예비된 주의 나라로 인도하십니다. 물론 양에 해당하는 자들은 자신의 행위를 근거로 영생의 나라에 들어가는 것이 아니라 오직 은혜가 원인이 되어서 그 나라를 유업으로 받은 자들입니다. 주의 나라는 자신의 공로로 받는 것이 아니라 하나님에 의해 유업으로 받습니다.

이 비유에서 양은 그 심령에 구원의 은혜가 분명한 참된 신자를 가리킵니다. 본문은 또한 그들의 심령에 있는 구원의 은혜가 어떻게 행위로 나타났는지 설명하고 있습니다.

먼저 양에 속한 자들은 가난한 자와 고통받는 자들을 돌봅니다. 특히 그리스도 안에서 고난받는 형제들을 도와주며 어려움에 처한 자들을 긍휼히 여기는 심령을 지닙니다.

사도 요한은 거듭난 사람에게는 그 심령에 새로 태어난 증거가 있다고 말했습니다. 참된 신자 안에는 하나님을 사랑하는 열정이 일어나고 주 안에서 형제를 사랑하며 하나님의 계명을 지키는 증거가 나타납니다(요일 5:1-3). 거듭났다고 하면서 형제를 미워하는 자는 아직 거듭난 것이 아니라는 이유가 여기에 있습니다. 주 안에서 어려운 형제들을 도와주는 것은 그가 진정으로 거듭난 심령을 가지고 있다는 증거입니다.

　본문은 양에 속한 자들을 의인이라 말합니다. 왜 양들을 의인이라고 부릅니까? 그들은 믿음으로 말미암아 하나님 앞에서 의롭다 칭하심을 받아 의롭게 된 자들이기 때문입니다. 진정으로 거듭난 자에게는 그 믿음으로 말미암아 그리스도의 의가 전가되어서 심령 속에 의로움과 거룩함을 추구하는 영적 습관이 형성됩니다.

　양에 속한 자들은 성령에 의해 그 심령이 갱신된 자로서 하나님을 향해 의로움과 거룩함을 좇으며 살게 됩니다. 심령이 갱신되었기에 가난하고 불쌍하고 도움이 필요한 자들을 향한 자비로운 영적 성향이 그들에게는 반드시 나타납니다.

　양에 속한 자들은 어떤 보상을 바라고 의로운 행위를 하는 것이 아니기에 왕이 그들을 칭찬했을 때 깜짝 놀랍니다. 그들의 선행은 칭찬을 듣기 위한 행동이 아니라 일상 가운데 자연스럽게 성령의 열매로서 나타나는 거룩한 습성이기 때문입니다. 양에 속한 자들은 그들이 행한 일에 대해 들었을 때 놀라면서 우리가 언제 그런 일을 했느냐고 반문합니다. 그리고 자신의 행위에 대해 주님께서 상을 베푸신다는 것에 대해 매우 놀라워합니다.

양에 속한 자들은 분명 자신의 오른손이 하는 일을 왼손이 모르게 하는 자들입니다. 이들은 자신의 행위를 자랑하지 않습니다. 결코 사람들에게 보이고 찬사를 받기 위해 선행을 하지 않습니다. 이들은 다만 새로운 심령을 가진 자들로서 성령의 감동을 받고 선한 행위를 하는 것입니다.

양에 속한 자들은 하나님의 은혜의 영향력 아래 있습니다. 그래서 경건하게 살고자 애쓰며 수고합니다. 이 땅에서 경건하게 산다는 것은 육신대로 살지 않고 절제하면서 영적인 것과 영원한 것을 추구하는 삶입니다.

마지막 날에는 의인과 악인의 부활이 있는데 이때 모든 자는 그리스도 앞에 서게 됩니다. 경건한 자는 이것을 알기에 이 땅에서 언제나 하나님과 사람들을 향해 양심에 거리낌이 없도록 행동합니다. 따라서 경건한 자들은 결코 이 땅에 속해 자신의 안락한 삶만을 추구하지 않습니다. 어려움에 처한 형제와 고아와 과부를 돌보고 긍휼이 여기는 마음으로 보다 연약한 자들을 도와줍니다. 이러한 열매와 삶의 증거가 나타나는 자가 바로 양에 속한 자들입니다.

양에 속한 자들은 자신의 행위에 대해 확신을 가지거나, 하나님 앞에서 내세울 만한 의로움이 자신에게 있다고 생각하지 않습니다. 그러나 율법주의자들은 율법을 온전히 지킬 수 없음에도 불구하고, 다만 외형적으로 몇 가지 규정을 준수하면 그것을 의로움의 근거로 여깁니다. 그들은 자신의 율법적 행위로 자신이 의롭게 된다고 생각합니다.

그러나 양에 속한 자들은 사람의 행위는 부족하며 완전하지 못함을 너무나도 잘 압니다. 그래서 자랑할 것도 없으며, 그러한 행위를 근거로 자신의 의로움을 내세우지 않습니다. 그들은 거듭난 이후부터 계속 율법을 지키려고 애쓰는 자들입니다. 그러나 자신은 계명을 온전히 지킬 수 없음을 잘 알기에 더욱 겸손히 그리스도의 은혜를 의지하게 됩니다. 그들은 자신이 선한 행위를 했다 해도 그 속에 이기심이 있으며, 흠이 많다는 것을 알아 자랑하지 않습니다. 그들은 선한 행위가 있음에도 불구하고 그것을 기억하지 않으며 자신들의 의로움을 내세우지 않습니다.

또한 양에 속한 자들은 자신의 선한 행위를 자신의 능력으로 행한 것이라 생각하지 않습니다. 실제로 계명을 지키려고 애쓰는 자들은 그것을 온전히 지킬 수 없음을 깨닫게 됩니다. 그리고 자신의 능력으로는 계명을 행할 수 없음을 인정합니다. 자신의 부족과 무능을 더욱 깨달은 그들은 주님의 은혜를 의지하게 됩니다. 따라서 형제를 돌보고 도와주었다 할지라도 자신의 능력이 아닌 오직 하나님의 은혜로 한 것이라 생각합니다. 그래서 그들이 자신의 착한 일에 대해 기억하지 못하는 것입니다. 이 부분에서 양에 속한 자들은 교만한 염소에 속한 자들과 분명하게 구별됩니다.

양에 속한 자들은 믿는 자의 선한 의무로서 선을 행합니다. 그래서 그에 대해 상을 받거나 또는 인정을 받고자 하는 마음이 없습니다. 예수님의 비유 가운데 무익한 종의 비유가 있는데, 그 종은 밭을 갈고 양을 치는 자였습니다. 좋은 일을 마치고 집에 돌아와 다시 주인의 식탁을 준비하고 시중을 든 후에야 자신의 먹을 것을 취했습니다. 이렇게 종이 수고했음에도 사례는 없었습니다. 그러나 종은 스스로를 무익한 종으로 여기며 마땅히 할 일을 한 것뿐이라 말합니다.

"이와 같이 너희도 명령 받은 것을 다 행한 후에 이르기를 우리는 무익한 종이라 우리가 하여야 할 일을 한 것뿐이라 할지니라"(눅 17:10).

경건한 자들은 거듭나기 전의 자기 모습을 잘 압니다. 그들은 하나님께서 그럼에도 불구하고 왜 은혜로 자신을 구원하셨는지 깨달은 자들입니다. 그들은 하나님의 선한 일을 위해 자신이 부르심을 받은 것을 알고 있습니다. 그래서 그들은 선한 일에 열심을 냅니다. 자격 없는 자신에게 구원을 주신 하나님의 은혜가 얼마나 큰지 알기 때문입니다.

"그가 우리를 대신하여 자신을 주심은 모든 불법에서 우리를 속량하시고 우리를 깨끗하게 하사 선한 일을 열심히 하는 자기 백성이 되게 하려 하심이라"(딛 2:14).

이처럼 구원의 은혜가 얼마나 소중한지 진정으로 깨달은 자는 신자의 의무를 마땅한 것으로 여기며 그것을 지키기 위해 최선을 다합니다. 그들은 자신의 행위에 대해 칭찬을 듣거나 상 받기를 기대하지 않습니다.

참된 신자의 심령 속에 있는 진정한 구원의 은혜는 반드시 삶과 행위를 통해 다른 사람들과 이 세상 앞에 눈에 보이는 증거로 나타납니다. 그러나 양들 가운데 비슷한 모양으로 섞여 있는 염소들은 자신을 하나님의 백성이라 칭하면서도 철저히 육신적인 삶을 살며 또한 사람들의 영광과 찬사를 구합니다.

교회의 역사는 분명히 보여줍니다. 교회가 세상을 닮아가고 세상을 향해 나아갈 때에 교회 안에 염소에 속한 사람들이 대다수를 차지했습니다. 반면 교회가 세상을 향해 경건의 능력을 갖출 때에는 양에 속한 사람들, 참된 신자들이 넘쳐났습니다. 그런데 교회의 역사를 자세히 들여다보면 안타깝게도 염소들이 득세했던 때가 너무나도 많습니다.

우리는 교회 안에 염소가 득세하는 시대를 살고 있습니다. 염소가 많아지면 성도는 세속적으로 변하고 교회는 세상을 닮아갑니다. 경건의 모양은 있으나 경건의 능력을 상실한, 머리카락을 잘린 나약한 삼손의 모습을 띄게 됩니다. 양들이 일어나야 합니다. 참된 구원의 지식과 체험을 통해 경건의 능력을 소유하는 양들이 많아져야 합니다. 양과 염소를 철저히 구별해야 합니다. 양들에게는 더욱 풍성한 생명을, 염소들에게는 회개와 갱신을 통해 진정한 구원의 은혜가 있도록 해야 합니다. 당신은 양입니까? 염소입니까?

²⁵수많은 무리가 함께 갈새 예수께서 돌이키사 이르시되 ²⁶무릇 내게 오는 자가 자기 부모와 처자와 형제와 자매와 더욱이 자기 목숨까지 미워하지 아니하면 능히 내 제자가 되지 못하고 ²⁷누구든지 자기 십자가를 지고 나를 따르지 않는 자도 능히 내 제자가 되지 못하리라 ²⁸너희 중의 누가 망대를 세우고자 할진대 자기의 가진 것이 준공하기까지에 족할는지 먼저 앉아 그 비용을 계산하지 아니하겠느냐 ²⁹그렇게 아니하여 그 기초만 쌓고 능히 이루지 못하면 보는 자가 다 비웃어 ³⁰이르되 이 사람이 공사를 시작하고 능히 이루지 못하였다 하리라 ³¹또 어떤 임금이 다른 임금과 싸우러 갈 때에 먼저 앉아 일만 명으로써 저 이만 명을 거느리고 오는 자를 대적할 수 있을까 헤아리지 아니하겠느냐 ³²만일 못할 터이면 그가 아직 멀리 있을 때에 사신을 보내어 화친을 청할지니라 ³³이와 같이 너희 중의 누구든지 자기의 모든 소유를 버리지 아니하면 능히 내 제자가 되지 못하리라 ³⁴소금이 좋은 것이나 소금도 만일 그 맛을 잃으면 무엇으로 짜게 하리요 ³⁵땅에도, 거름에도 쓸 데 없어 내버리느니라 들을 귀가 있는 자는 들을지어다 하시니라

_누가복음 14:25-35

4
제자입니까?
무리입니까?

예수님께서는 수많은 무리가 그분을 따르는 상황에서 진정한 제자도의 의미를 가르치기 위해 두 개의 비유를 연속으로 말씀하십니다. 하나는 망대의 비용계산에 관한 비유이고 다른 하나는 전쟁을 준비하는 임금에 관한 비유입니다. 예수님께서 그들을 향해 돌이키시면서까지 말씀하셨다는 것에서 그것이 얼마나 엄중한 말씀이었는지 짐작할 수 있습니다.

왜 예수님은 따르는 무리를 향해 제자도를 말씀하신 것입니까? 예수님께서는 무슨 의도로 그렇게 하셨을까요? 예수님의 이 비유에는 무리와 제자를 구분하려는 목적이 있었습니다. 많은 무리가 예수님의 말씀을 듣고 그분께서 베푸시는 기적들을 보고 그분을 환호하며 따랐습니다. 하지만 그들 가운데 진정으로 예수님을 따르는 자는 그렇게 많지 않았습니다. 예수님은 그것을 아셨습니다.

그렇다면 무리와 제자는 무엇이 어떻게 구별되는 것입니까? 이번 장을 통해 살펴보겠습니다.

무리

무리가 예수님을 따르는 데는 이유와 목적이 있었습니다. 그들은 예수님께서 왕이 되셔서 이 세상에서 왕국을 세우실 것이라 이해했습니다. 그들은 그리스도께서 자기 백성의 죄를 속하기 위해 이 땅에 오셔서 십자가에 달려 돌아가시는 것에 대해 이해하지 못했습니다. 다만 예수님께서 이 세상에 나라를 세우실 때 자신들이 바라는 세상적인 이익을 얻고자 그리스도를 따라다닌 것입니다.

오늘날 교회 안에도 무리에 해당하는 자들이 있습니다. 무리는 복음을 들으면서도 자신들만의 다른 목적을 추구합니다. 복음으로부터 구원에 대해 듣기보다는 자신들이 성취하고픈 이기적이고 육신적이고 세상적인 목적을 가지고 교회에 나옵니다. 이들 무리는 자기들 입맛에 맞는 설교를 듣기 원합니다.

무리의 필요에 부응하는 거짓 목자들은 그들의 가려운 귀를 긁어주기 위해, 믿는 자를 구원하는 하나님의 능력이 되는 복음에서 떠나 세상적인 주제를 설교합니다. 그래서 그들 역시 자신의 목적을 이루려고 합니다. 제자보다 무리가 흥왕하는 곳에는 항상 거짓 목자들이 넘쳐납니다.

예수님께서는 제자와 무리를 구별하기 위해 건축자의 비유를 말씀하셨습니다. 여기서 건축자는 복음을 듣고 그리스도에 대해 신앙고백을 한 자를 의미합니다. 그는 복음을 듣고 구원에 대한 지식을 가졌으며 또한 하나님을 향해 수준 높은 삶을 살려고 하는 열정도 있습니다. 그가 망대를 건축하고자 했다는 것이 그 근거입니다.

건축자는 망대를 짓기 위해 기초를 놓았습니다. 그러나 다만 기초만 놓았을 뿐 망대를 완성하지는 못했습니다. 그 비용을 감당할 수 없었기 때문입니다. 결국 공사는 중단되고 말았습니다. 아마도 그는 망대를 건축한다고 사람들 앞에서 자랑도 했을 것입니다. 이것은 무엇을 의미합니까? 그는 예수를 믿는다고 사람들 앞에서 자신의 신앙을 떠벌이고 자랑하는 자와 같습니다. 그는 자신의 체험을 높게 여기며, 이제 자신은 예수님을 믿게 되었다고 간증도 했을 것입니다. 그러나 심령에 진정한 구원의 은혜가 없기에 그는 결국 자신이 고백한 신앙에서 떨어져 나가고 말 았습니다.

이를 본 세상 사람들은 건축자를 비난하고 조롱했을 것입니다. 오늘날에도 구원의 진리에서 떠나 세상을 향해 달려가다가, 실패한 건축자처럼 세상 사람들로부터 조롱을 받고 업신여김을 당하는 교회들을 목격할 수 있습니다.

망대 건축 비유에서 건축자는 비용에 대해 심각하게 고려하지 않은 상태에서 건축을 시작했습니다. 이는 성급한 심령이나 흥분된 감정으로 신앙을 고백했다가 어려움이나 손실이 발생하면 그 신앙고백에서 떠나는 경우를 말합니다. 수많은 무리가 예수님의 기적을 보고 환호하며 열심히 따라다녔지만 그들 심령에는 자기를 부정하고 자기 십자가를 지는 결단이 없었습니다. 단지 자신들의 성급한 심령과 감정에 복받쳐서 그리스도를 따라다닌 자들이었습니다.

잠시 잠깐의 감정적 변화로는 제자가 될 수 없습니다. 자신을 부인하고 자기 십자가를 지며 예수님을 따르는 일이 무엇을 버리고 무엇을 취하는 일인지 심각하게 고려한 후 따라야 합니다. 그렇지 않는다면 망대를 짓다가 쉽게 포기하는 무리에 불과한 것입니다.

건축자는 또한 충분한 예산을 마련하지 않고 서둘러 공사를 시작했습니다. 아마도 건축자는 자기가 가진 돈으로 충분히 망대를 지을 수 있을 거라 생각했기에 그 비용을 정확히 계산할 필요를 못 느꼈을 것입니다. 여기에 무리의 특징이 있습니다. 무리에 해당하는 자들은 그리스도의 은혜를 의지하지 않고 자신의 힘과 능력을 신뢰하고 의지합니다.

그래서 그들은 신앙생활 역시 자신이 가진 인간적인 능력이나 세상적인 능력으로 가능할 거라 생각합니다. 그들은 이처럼 쉽게 생각하다 결국 어려움을 만나고는 신앙을 쉽게 포기하는 것입니다. 무리의 이러한 모습은 그들이 거듭나지 않았으며 결국 예수 그리스도를 의지하는 은혜의 원리에 대해 무지했음을 입증하는 것입니다.

전쟁을 준비하는 임금의 비유도 마찬가지입니다. 여기서 임금이 싸우러 간다는 것은 그에게 신앙고백이 있음을 의미합니다. 그러나 그는 신앙고백의 의미를 몰랐으며 또한 자신의 죄악 된 생활을 버리는 문제에 대해 심각하게 생각하지 않았습니다. 그리고 하나님께 돌아와 계속해서 하나님을 섬겨야 하는 것도 고려하지 않았습니다. 그가 이기지 못할 것 같으면 적국 왕에게 화친을 청하지 않겠느냐는 예수님의 말씀은 믿음이 약해지면 자신이 고백한 신앙을 떠나 하나님께 등을 돌리지 않겠느냐고 말씀하신 것입니다.

그는 신앙고백을 하고 교회에 출석하고 예배를 드리는 정도면 신앙생활을 충분히 잘하는 것으로 여깁니다. 그러나 그의 마음속에는 자기를 부정하고 자기 십자가를 지고 예수를 따르는 결단이 없습니다. 만약 그가 자기를 부정해야 하는 것과 자기 십자가를 져야 한다는 것을 먼저 알았다면 결코 신앙고백을 하지 않았을 것입니다. 그리고 그리스도를 따르겠다고 나서지도 않았을 것입니다.

전황을 헤아리지 않고 전쟁에 나가는 임금은 다만 자신의 이기적인 목적과 세상적인 생각들을 가지고 그리스도를 따르겠다고 나서는 자입니다. 이러한 자들은 결국 끝까지 신앙생활을 하지 못하고 믿음에서 떠나게 되어 있습니다. 비록 그들의 몸은 교회 안에 있더라도 그 마음에 그리스도를 주로 모시지 않기 때문에 이미 떠난 것과 같습니다.

이처럼 무리는 입술로는 신앙고백을 하지만 마음으로는 자기를 부인하지 않습니다. 그들의 심령에는 진리의 말씀으로 새롭게 태어나는 거듭남이 없습니다. 따라서 신앙고백이 있어도 심령은 세상적인 것으로 가득 차 있습니다.

그들은 겉으로 예수님을 따르는 것처럼 보이지만 실상은 세상을 따릅니다. 거듭남으로 새로워진 심령이 그 안에 없는 사람은 세상 것을 추구하다 마침에 세상을 향해 떠나갑니다. 구원자 되시는 하나님 아버지의 사랑이 그들 안에 없을 뿐 아니라 아버지를 사랑하는 마음도 그들 안에 없습니다.

"이 세상이나 세상에 있는 것들을 사랑하지 말라 누구든지 세상을 사랑하면 아버지의 사랑이 그 안에 있지 아니하니 이는 세상에 있는 모든 것이 육신의 정욕과 안목의 정욕과 이생의 자랑이니 다 아버지께로부터 온 것이 아니요 세상으로부터 온 것이라"(요일 2:15, 16).

무리는 세상 속에서 즐거워하면서 세상적인 기쁨을 찾습니다. 무리는 교회 안에 있을지라도 그것이 세상과의 관계를 끊는다면 결코 그리스도를 따르지 않습니다. 신앙고백을 했다 할지라도 그들에게는 구원이 없습니다. 그저 세상의 수많은 무리로 남을 뿐입니다.

여러분은 어떻습니까? 신앙고백을 했습니까? 그렇다면 그 고백에 걸맞은 비용을 헤아려 보았습니까? 왠지 내 이익에 맞지 않다는 생각이 들어 적국의 왕과 화친하고 싶다는 생각이 들지는 않습니까? 무리는 그리스도를 위한 희생에는 관심이 없습니다. 그 몸은 교회 안에 있지만 그의 마음은 항상 세상적인 이득을 위해 있습니다. 자신에게 손해가 발생되고 어려움이 있으면 결국 교회를 떠남으로써 자신에게 구원의 은혜가 없음을 스스로 드러냅니다.

제자

예수님께서 제자도를 말씀하신 목적은 무엇입니까? 곧 세상적인 목적과 이기적인 야망을 위해 예수님을 따르는 무리와 진정한 구원백성인 제자들을 뚜렷하게 구별하시려는 의도였습니다. 만일 누군가가 신앙은 고백했지만 제자도가 나타나지 않는다면 그는 제자가 아닙니다. 아직 구원의 은혜를 체험한 참된 신자가 아닌 것입니다.

그렇다면 제자는 무리와 어떻게 다를까요? 제자는 참된 신자로서 진정한 구원백성의 영적 특징을 지닙니다. 본문에서 예수님께서 말씀하신 제자도는 세 가지로 요약될 수 있습니다. 첫째는 부모와 처자와 형제와 자매 그리고 자기 목숨을 예수님보다 덜 사랑하는 것입니다. 둘째는 자기를 부정하는 것이며, 셋째는 자기 십자가를 지는 것입니다.

예수님께서는 먼저 부모, 처자, 형제, 자매를 언급하셨습니다. 이들은 우리가 이 땅에서 살아갈 때 가장 가까운 관계에 있는 사람들입니다. 사람은 부모에 의해서 양육되고 남편은 처자들을 돌봅니다. 그리고 형제, 자매가 서로 도우면서 사랑합니다. 그런데 예수님께서는 이러한 관계보다 자신과의 관계가 더 중요하다고 말씀하십니다.

이 세상에서 혈연관계만큼 긴밀한 유대관계를 형성하는 관계는 없습니다. 그러나 실제로 거듭난 영혼에게 가장 우선되는 관계는 바로 예수 그리스도와의 관계입니다. 그리스도를 따르는 데 있어서 혈연관계는 우선될 수 없습니다. 오직 먼저 그리스도를 섬겨야 합니다.

그렇다면 자기를 부정한다는 것의 의미는 무엇입니까? 아담이 타락한 이후 인간의 본성에는 자기 육신을 즐겁게 하고 세상적인 야망을 이루려는 성향이 자리를 잡았습니다. 이것은 모든 인간이 태어나면서부터 가지는 죄악된 본성입니다. 이 성향이 인간의 본성에 깊이 뿌리를 내리면서 모든 인간은 자기를 사랑하고 이 세상의 것을 추구하게 되었습니다.

원래 하나님께서는 아담을 창조하신 목적이 있었습니다. 이 세상에서 하나님의 영광을 나타내는 것입니다. 그러나 타락한 이후 인간은 자신의 즐거움과 영광을 위해 살아가는 존재가 되었습니다. 이러한 죄악된 본성을 새롭게 갱신하는 것이 성령의 역사입니다. 영혼에 성령의 역사가 일어난 자는 반드시 자기를 부정하게 되어 있습니다. 성령의 역사로 그 심령에 거룩한 성질이 새겨지고, 거룩한 성질은 육체의 소욕을 억제합니다. 그래서 자기의 즐거움을 부정하게 됩니다.

자기를 부정하는 것은 사람의 능력으로 되는 것이 아닙니다. 반드시 거듭나서 그 영혼에 거룩한 성품이 형성되어야만 가능합니다.

마지막으로 자기 십자가를 지는 것은 무엇을 의미합니까? 그리스도를 따를 때 우리에게 다가오는 고난과 멸시와 핍박을 기꺼이 감당하는 것을 의미합니다. 고난과 멸시와 핍박은 우리 육신의 성향이 싫어하는 것들입니다. 날마다 자기 십자가를 진다는 것은 바로 이러한 성향을 억제하고 또 이러한 성향과 영적으로 싸워야 한다는 것을 의미합니다.

참된 신자는 날마다 하나님의 뜻에 자신을 굴복시키면서 겸손과 인내로 어려움들을 감당해야 합니다. 진정으로 거듭나지 않은 거짓 신자는 자기 십자가를 지기 싫어할 뿐 아니라 지지도 않습니다. 육신적인 성향을 가지고는 결코 십자가를 질 수 없기 때문입니다. 따라서 일상의 삶에서 날마다 자기 십자가를 지는지 여부는 제자와 무리를 구별하는 좋은 증거가 됩니다.

망대 건축의 비유에서 알 수 있는 제자의 특징이 있습니다. 제자는 건축에 들어가는 비용에 대해 진지하게 생각하고 계산을 마친 자라는 것입니다. 제자는 그리스도를 따르기 위해 자신이 지불할 비용이 얼마인지 알아야 합니다. 그리고 그 비용을 기꺼이 지불할 각오가 되어 있어야 합니다. 즉 자신의 죄와 허물을 버려야 하며 그것을 버릴 때 자신이 지불할 비용을 기꺼이 지불해야 합니다.

이러한 행위는 그 심령이 이미 갱신되었기에 그리스도의 소중함을 깨닫고, 이로써 그리스도의 가치와 세상의 가치를 비교할 수 있게 되었기에 가능한 것입니다. 세상의 가치가 아무리 높아도 그리스도의 가치와 비교하면 전혀 가치가 없습니다. 제자는 이 진리를 깨달은 자입니다.

이처럼 진정한 그리스도인은 그리스도를 따르고자 할 때 그 소중함을 깨달아 재산뿐만 아니라 자신의 목숨을 잃는다 해도 그리스도를 붙잡습니다. 이것이 진정한 그리스도인이며 제자입니다. 무리는 이러한 제자도를 결코 흉내 낼 수 없기에 예수님은 이것으로 무리와 제자를 구별하셨습니다.

제자는 진정한 구원백성으로서 끝까지 믿음을 가지고 그리스도를 의지하며 신뢰하는 자입니다. 제자는 그 비용을 충분히 계산했으며, 망대를 높이 올리고 쌓을 때까지 들어가는 비용에 대해 아까워하거나 후회하는 마음이 없습니다. 그래서 완성되기까지 기꺼이 수고합니다.

제자는 성령의 역사로 인해 시작된 구원의 은혜가 완성되기까지 경건의 훈련을 하며 거룩한 삶을 추구하고 은혜의 수단을 붙잡습니다. 그리스도의 충만한 분량에 이르기까지 계속해서 수고합니다.

오늘날 한국교회는 성도와 제자라는 단어를 구별해 사용합니다. 성도는 그리스도를 따르기로 결심한 정도를 말하고, 제자는 성도에서 더 나아가 훈련을 받고 교회가 요구하는 어떤 특정한 수준에 이른 상태를 의미합니다. 그러나 성경은 성도와 제자가 동의어임을 밝히고 있습니다. 따라서 구원의 은혜가 분명히 보이지 않는데 교회에 출석한다는 이유로 그를 성도라 부르고, 또 교회가 정한 일정한 훈련을 수료해 어느 정도의 지식이 있는 자를 제자라 칭한다면 성경이 정한 기준을 따르는 것이 아닙니다.

한마디로 교회가 구원의 기준을 예수님의 기준보다 낮추고 있습니다. 그저 보다 많은 사람들을 모아서 숫자적 성장을 이루려고만 합니다. 예수님께서는 무리와 제자를 구별해 많은 사람들로 하여금 예수님을 떠나가게 하셨습니다. 그런데 오늘날 한국 교회는 예수님의 방법을 무시하는 듯 구원과 성도의 기준을 낮춰서 많은 사람들을 교회의 회원으로 받아들입니다.

이러한 인간적인 방법은 결국 교회로 하여금 경건의 능력을 잃게 합니다. 나아가 구원의 은혜가 없는 자들로 교회를 주관하게 만듭니다. 교회라는 이름은 있지만 이미 죽은 교회가 되는 것입니다.

"내가 네 행위를 아노니 네가 살았다 하는 이름은 가졌으나 죽은 자로다"(계 3:1).

이러한 상황 속에서는 참된 신자가 극소수로 전락하고 아직 영적으로 갱신되지 않은 자들이 교회의 다수가 됩니다. 그래서 교회는 세속화되며 세상과 구별이 없어집니다. 물론 이러한 상황을 가장 먼저 책임져야 하는 이는 목회자입니다. 목회자가 무리와 제자를 구분하시는 예수님의 방법을 따르지 못하고 사람들의 눈치를 볼 때 이와 같은 현상이 일어납니다.

이러한 목회자들은 제자와 무리의 구분을 무너뜨려 많은 사람들로 편안한 마음을 갖게 합니다. 거듭나지 않은 상태에서는 하나님의 말씀을 듣는 것이 부담되어야 하는데, 오히려 그 부담을 덜어주고 있습니다. 무리의 상태에 있는 자까지 제자로 간주합니다. 이들은 결국 자기도 천국에 들어가지 못하고 다른 사람도 천국에 들어가지 못하게 막는 것입니다. 한마디로 그들은 거짓 목자, 삯꾼 목자입니다.

우리는 예수님께서 무리와 제자를 구별하기 위해 제자도를 말씀하신 이유를 깨달아야 합니다. 교회에 등록하고 예배에 참석하는 것으로는 성도라 할 수 없습니다. 참된 성도는 그 누구든 무엇이든 예수님보다 사랑해서는 안 됩니다. 진정으로 자기를 부정하고 날마다 자기 십자가를 지며 그리스도를 따르는지 확인해야 합니다.

특별히 자신을 제자라 생각하는 사람은 진실로 자기를 부정해야 합니다. 날마다 자기 십자가를 지고 그리스도를 따르는지 확인해야 합니다.

이것이 교회의 머리되신 그리스도께서 사역하신 방법입니다. 그리스도께서 이와 같은 방식으로 사역하신 것은 교회의 숫자적 성장이 아닌 교회의 거룩성을 확보하기 위함입니다. 교회가 거룩성을 지닐 때 세상과의 구별이 더욱 뚜렷해지며 그때 세상에서 빛과 소금의 역할을 할 수 있습니다.

오늘날 한국교회가 약해지고 세상에 그 어떤 영적 영향력도 미치지 못하는 이유는 바로 거룩성을 상실했기 때문입니다. 무리와 제자를 분명히 구별해 오직 참된 신자, 즉 진정한 제자도를 따르는 자들이 조국교회를 가득 채울 때 한국교회는 세상에서 거룩한 존재가 될 것입니다.

13좁은 문으로 들어가라 멸망으로 인도하는 문은 크고 그 길이 넓어 그리로 들어가는 자가 많고 14생명으로 인도하는 문은 좁고 길이 협착하여 찾는 자가 적음이라

_마태복음 7:13, 14

5

좁은 문으로 들어가십니까?
넓은 문으로 들어가십니까?

성경은 두 부류의 사람들, 곧 좁은 문으로 들어가는 자와 넓은 문으로 들어가는 자가 있다고 말합니다. 그렇다면 누가 좁은 문으로 들어가는 자이며 누가 넓은 문으로 들어가는 자입니까? 좁은 문으로 들어가는 자는 구원을 받는 데 필수불가결한 요소인 그리스도의 의를 필요로 하는 자입니다. 넓은 문으로 들어가는 자는 신앙의 근거를 종교적 형식에 두는 자로 볼 수 있습니다.

오늘날 교회 내에도 두 부류의 교인이 있습니다. 두 부류 모두 신앙인의 모습을 하지만 들어가는 문은 다릅니다. 한쪽은 그리스도의 의를 힘입어 진정한 구원의 은혜를 얻고 영원한 생명에 이르는 문에 들어갑니다. 다른 쪽은 언뜻 구원받은 것 같으나 진정한 구원의 은혜를 가지지 못하고 영원한 멸망에 이르는 문에 들어갑니다.

생명을 얻는 것과 멸망을 당하는 것은 우리에게 매우 심각하고도 중요한 문제입니다. 따라서 좁은 문으로 들어가는 자와 넓은 문으로 들어가는 자는 영적으로 어떻게 다른지 바로 알아야 합니다. 자신이 과연 좁은 문으로 들어가는 생명을 얻는 자인지 아니면 넓은 문으로 들어가 멸망을 당하는 자인지 분명히 해야 합니다.

넓은 문으로 들어가는 자

넓은 문과 좁은 문의 가장 큰 차이는 입구의 넓이에 있습니다. 넓은 문은 우선 들어가기 편하고 쉽습니다. 많은 사람들이 몰려와도 문제가 없습니다. 넓기 때문에 얼마든지 쉽게 많은 사람들을 수용할 수 있습니다. 또한 눈에 잘 띄어서 문을 찾기 위해 애쓸 필요도 없습니다. 사람들이 문을 못 찾아 지나칠 가능성도 희박합니다.

넓은 문은 당장 들어가기 편하고 쉬운 탓에 눈을 감고도 들어갈 수 있습니다. 다시 말해 하나님의 말씀에 전혀 무지한 사람도 교회에 들어와 교인 행세를 할 수 있습니다. 이것이 영적으로 의미하는 바는 큽니다. 넓은 문으로 들어오는 사람들은 세상에서 즐기면서 누렸던 것을 하나도 버리지 않은 채 교회생활을 해도 전혀 문제가 없습니다. 교회가 받아들인 세상의 방법들이 그들의 육신적인 성향과 충돌되지 않고 일치하기 때문입니다.

이처럼 넓은 문은 육신적 성향 혹은 자연적 성향과 어울립니다. 예수를 믿는다고 하면서도 본성의 변화가 없는 자들과 여전히 육신적인 성향을 가진 자들도 들어갈 수 있는 문입니다. 속으로는 진리의 빛이 없지만 겉으로는 경건의 모양을 흉내 내는 위선자들이나 본질은 접어두고 외양만 강조하는 형식주의자들이 넓은 문을 좋아합니다.

오늘날 많은 교회들이 보다 많은 사람들을 불러들이기 위해 교회 문을 넓히고 있습니다. 숫자적 성장을 위해 세상의 원리와 방법을 채택합니다. 정말로 수많은 사람들이 그 넓힌 문으로 몰려와 교회가 폭발적으로 성장합니다. 넓은 문으로 세상의 사고방식과 풍조도 물밀 듯 들어옵니다.

교회가 세상에서 번창할수록 넓은 문을 찾는 사람들은 더욱 많아집니다. 교회가 핍박을 받는 시기에는 사람들이 교회에 들어오지 않습니다. 지금 시대는 많은 교회들이 대중에게 매력적으로 보이고자 사람들의 감성을 자극하는 예배를 만듭니다. 또 세상적인 부귀와 행복을 구호로 외칩니다. 대중이 더욱 친근감을 느끼도록 교회는 동우회의 모습을 갖추기도 하며 심지어는 마을회관과 같이 사람들의 교제를 위한 장소가 되고 있습니다.

그러나 만약 강단에서 회개와 지옥에 대한 설교들이 계속 외쳐진다면 그 많은 사람들은 온데간데없이 사라질 것입니다. 오병이어의 기적을 맛보고 예수님을 따라다니다 예수님께서 자신이 생명의 떡임을 말씀하시자 그분 곁을 떠난 수많은 사람들처럼 말입니다.

그렇다면 넓은 문으로 들어가는 자들은 누구입니까?

그들은 영적 각성 없이 들어가는 자입니다. 그들에게는 영적 주의력이 없습니다. 넓은 문에 이어진 길이 멸망으로 인도한다는 것을 심각하게 고려하지 않습니다. 그들은 단지 자신의 친척과 친지들이 그 문에 들어갔다는 이유로 전혀 의심 없이 따라 들어가기도 합니다.

예수님께서는 나를 따라 오려거든 자기를 부정하고 자기 십자가를 지고 따라오라 말씀하셨습니다. 망대 건축 비유를 드시면서, 먼저 앉아 그 비용을 계산한 다음 충분하다는 결론이 나오면 그때 건축하라고 말씀하셨습니다(눅 14:28). 이것은 많은 사람들이 아무 생각 없이 예수님을 따라 나섰다가 예수님으로 인해 어려움을 겪으면 더는 예수님을 따르지 않기에 하신 말씀입니다.

넓은 문으로 들어가는 자들은 예수님을 따를 때 발생하는 비용이 있다는 사실을 전혀 생각하지 않습니다. 그들은 그리스도를 따를 때 지불해야 할 희생과 헌신에 대한 생각은 전혀 하지 않습니다. 오히려 세상적인 것을 얻고자 하는 마음을 가지고 있습니다. 어렵고 좁은 문을 피해 넓은 문으로 들어가면 편하고 쉽게, 즉 십자가를 향한 희생과 헌신이라는 비용을 지불하지 않고도 신앙생활을 할 수 있다고 판단하기 때문입니다.

그들이 이렇게 넓은 문을 택하는 것은 마귀가 그들의 마음에 육신적인 성향을 불러일으키기 때문입니다. 이 세상 신은 사람들의 마음을 혼미케 하여 그들을 육신적 성품 아래에 둡니다. 즉 마귀 자신의 권세 아래에 두는 것입니다.

"그 중에 이 세상의 신이 믿지 아니하는 자들의 마음을 혼미하게 하여 그리스도의 영광의 복음의 광채가 비치지 못하게 함이니"(고후 4:4).

마귀는 사람들로 쉬운 길을 택하게 하고, 그 길 가운데 있게 하고, 편한 데 머물게 합니다. 이때 사람들은 자신이 멸망의 길로 간다는 것을 전혀 느끼지 못합니다. 마귀가 그 영혼을 속이고 있기 때문입니다.

신은 아니지만 자신을 신이라고 하는 마귀가 사람들의 마음에 검은 커튼을 쳐서 좁지만 생명으로 들어가는 문을 보지 못하도록 합니다. 이는 구원을 방해하는 마귀의 전형적인 전략입니다. 미지근한 물에 개구리를 넣고 서서히 온도를 높여 죽이듯 마귀는 사람들의 마음에 영적 무지와 영적 게으름을 넣습니다. 그리고 멸망으로 인도하는 넓은 문이 더욱 매력적으로 보이도록 서서히 유혹합니다.

많은 사람들이 이러한 영적 무지로 인해 좁은 문을 무시합니다. 그들은 꼭 좁은 문으로 들어가야만 구원을 얻느냐고 반문합니다. 하나님은 사랑이시니 넓은 문으로 들어가는 자도 구원하실 거라고 말합니다. 더욱이 그들은 넓은 문을 통과하는 사람이 훨씬 더 많다는 것을 내세워 이것이 성령의 역사라고 주장하기도 합니다. 이렇게 많은 사람들이 참석하고 찬송하며 기도하고 예배하는데, 평판도 좋고 사회사업과 선교사업도 많이 하는 교회에 다니는데 설마 구원이 없겠느냐는 것입니다.

이렇게 반문하는 자들은 성경을 바로 보아야 합니다. 요한계시록 3:1-6에 언급된 사데 교회는 행위도 있었으며 살았다 하는 이름을 가진 평판이 좋은 교회였습니다. 그러나 주님 보시기에는 죽은 교회였습니다. 사데 교회 안에 있던 대다수는 넓은 문을 통과했으면서도 천국에 들어갈 것이라 생각했습니다. 그러나 그들은 천국에 들어가지 못했습니다. 물론 사데 교회에 구원백성이 단 한 명도 없었다는 것은 아닙니다. 극소수에 불과한 구원백성이 있었을 것입니다.

현대판 사데 교회에 다니는 자들이 있습니다. 사람이 많이 모이는 유명한 교회에 다니니까 마땅히 자신에게 구원이 있을 거라 생각하는 자들입니다. 그러나 이것은 매우 위험한 발상입니다. 넓은 문으로 들어간다면 그들을 멸망으로 인도하는 넓은 길에 들어설 것입니다.

넓은 문은 본성이 거듭나지 않고도 마음대로 지나다닐 수 있어서 인기가 많습니다. 그러나 죄와 회개의 각성이 없는 넓은 문 너머에는 멸망으로 인도하는 길이 있습니다.

크고 화려한 넓은 문으로 쉽게 들어간 사람들은 자신의 영적 상태가 하나님 보시기에 얼마나 심각한지 깨닫지 못합니다. 자신이 진정 천국에 들어갈지 전혀 의심하지 않습니다. 심지어 자신의 구원을 확신까지 합니다. 그들은 자신이 들어간 넓은 문과 넓은 길은 이미 멸망 가운데 있으며 또 계속 멸망을 향해 가기에 하나님께서 베푸시는 구원의 은혜로부터 더욱더 멀어진다는 사실을 모릅니다. 그러나 그곳으로 들어가는 자는 결국 영혼의 구원에 이르지 못하고 마침내 영혼의 멸망, 나아가 영육의 멸망을 당하게 됩니다.

이들은 마지막에 멸망을 당할 때 크게 실망하고 당황할 것입니다. 억울하고 분하다는 생각도 들 것입니다. 그러나 그런 후회는 소용이 없습니다. 너무 늦었기 때문입니다. 그들은 회개할 수 있는 수많은 기회들을 가볍게 넘겼습니다. 경건의 원리와 방법을 조소했습니다. 그들은 자신의 육신적인 삶을 즐기며 경건하게 신앙생활을 하는 자들을 오히려 비난했습니다.

그들은 인생의 마지막 순간에 이르렀을 때 그들이 들어갔던 그 화려하고도 넓은 문, 그리고 그때까지 걸어온 평탄하고도 넓은 길이 바로 멸망의 문이며 길이었다는 사실을 분명히 깨달을 것입니다. 그들은 누구보다도 하나님의 심판을 가장 먼저 당할 자들입니다.

"하나님의 집에서 심판을 시작할 때가 되었나니 만일 우리에게 먼저 하면 하나님의 복음을 순종하지 아니하는 자들의 그 마지막은 어떠하며 또 의인이 겨우 구원을 받으면 경건하지 아니한 자와 죄인은 어디에 서리요"(벧전 4:17, 18).

좁은 문으로 들어가는 자

성경에서 말하는 좁은 문의 가장 큰 특징은 먼저 그 문을 찾고 구하는 자가 적다는 것입니다. 많은 사람들이 좁은 문에 들어가기를 힘쓰지 않는다는 것은 많은 사람들이 자신의 구원을 깊이 생각하지 않는다는 뜻입니다. 그들은 좁은 문으로 들어가야 하는 이유를 생각하지 않습니다. 구원을 깊이 생각하지 않는 사람들은 바리새파 사람들과 서기관들 같이 자신의 종교적 행위로 당연히 구원을 얻을 것이라 생각합니다. 이렇게 잘못된 판단에 근거해 편안한 마음을 가지고 있다가 결국 멸망당하고 맙니다.

더욱이 좁은 문은 세상이 추구하는 유행 및 대중성과 어울리지 않습니다. 사람들의 성향은 세상적입니다. 사람들은 세상적인 것을 말하고 세상적인 것을 즐거워합니다. 그들의 감정을 즐겁게 하면 세상의 인기와 대중성을 얻습니다. 사람들은 대중적인 것이 그들을 영적으로 멸망 가운데 이끈다는 사실을 심각하게 생각하지 않습니다. 그러나 좁은 문은 세속적인 것을 모두 거부합니다. 때문에 많은 사람들이 좁은 문을 찾지 않습니다.

그렇다면 문이 좁다는 것은 무엇을 의미합니까? 죄악된 본성과 생활을 가지고는 통과할 수 없다는 뜻입니다. 그 문은 좁기에 옛 사람의 성품을 가지고 들어간다면 문지방과 문턱에 걸리고 말 것입니다. 따라서 우리는 죄악된 본성과 습관을 반드시 버려야 합니다. 부자가 천국에 들어가는 것보다 낙타가 바늘귀를 통과하는 것이 쉽다는 예수님의 말씀이 바로 이것을 의미합니다. 바늘귀는 매우 좁습니다. 바늘귀를 통과하기 위해서는 자신의 등에 지고 있는 옛 사람의 성품, 즉 세상을 사랑하고 추구하는 죄악된 본성을 내려놓아야 합니다. 부자뿐만 아니라 많은 사람들이 좁은 문을 찾지 않는 가장 근본적인 이유가 이것입니다. 그들은 인간의 타락한 본성, 즉 아담의 범죄로부터 시작되어 모든 인류에게 전가된 죄악된 본성 가운데 머무르기를 원합니다.

좁은 문에 들어가려면 회개가 필요합니다. 자신의 죄를 깨닫고 그 죄에 대해 영혼이 겸손해지고, 죄에서 떠나 회개해야만 들어갈 수 있는 문이 바로 좁은 문입니다.

그런데 좁은 문은 결코 자신의 생각과 의지로 통과할 수 없습니다. 좁은 문으로 들어가려면 먼저 성령의 역사로 인한 본성의 근본적인 변화가 있어야 합니다. 거듭나지 않은 인간의 본성과 의지는 좁은 것과 어려운 것을 본능적으로 싫어합니다. 넓은 문을 더욱 좋아합니다.

좁은 문을 찾아서 들어간다는 것은 곧 성령의 역사로 그 영혼에 영적인 각성이 일어났다는 의미입니다. 영혼은 성령의 역사가 있을 때 영적인 이해력을 얻고 천국으로 인도하는 좁은 문의 소중함을 깨닫습니다. 여기에 중요한 영적 원리가 있습니다. 성령의 유효한 부르심이 없어서 아직 영적으로 각성되지 않은 자는 좁은 문을 찾지도 않을뿐더러 어렵고 힘들다는 이유로 들어가려고 하지도 않습니다.

따라서 성령께서 역사하심으로 중생의 씻음과 새롭게 하는 본성의 근본적인 변화가 일어날 때에야 비로소 그 영혼은 좁은 문으로 들어가는 것이 얼마나 중요한지 깨닫게 됩니다.

성령의 유효한 부르심으로 좁은 문을 통과했으니 이제 쉽고 편한 길이 나올 거라 기대해서는 안 됩니다. 좁은 문은 죄를 미워하고 죄와 싸우는 삶, 거룩하고 의로운 삶을 추구하는 길과 연결되어 있습니다. 결코 쉬운 길이 아니기에 그 길은 협착하여 찾는 이가 적다고 했습니다. 길이 협착하다는 것은 자신의 힘으로 갈 수 없다는 뜻입니다. 하나님의 은혜를 의지해야만 갈 수 있는 길입니다.

그 길은 자기의 육신의 정욕과 죄악된 본성을 항상 성령으로 제어하고 죽이며 가야 하는 길입니다. 그 길을 가는 자는 성령의 역사로 인한 거듭남을 통해 그 심령이 갱신되었으므로 더는 넓은 길의 육적 원리를 따르지 않습니다. 좁은 길의 영적 원리에 따라 행동하고 살게 됩니다. 그 협착한 길은 마지막까지 우리를 영원한 생명의 길로 인도합니다. 물론 좁은 문으로 들어서는 순간부터 우리에게는 생명이 있습니다.

예수님께서는 "좁은 문으로 들어가기를 힘쓰라 내가 너희에게 이르노니 들어가기를 구하여도 못하는 자가 많으리라"(눅 13:24)고 말씀하셨습니다. 예수님께서는 왜 힘써서 들어가라고 말씀하신 것입니까?

좁은 문은 협소하고 들어가기 힘들기 때문에 사람의 육신적인 성향이 그 문에 들어가는 것을 주저하게 만들 수 있습니다. 때문에 우리 육신의 연약함을 극복하기까지 힘써서 들어가야 합니다. 또한 구원을 방해하는 자인 마귀는 우리가 구원의 문인 좁은 문으로 들어가려 하면 여러 가지 계략으로 우리를 유혹합니다. 이러한 마귀의 계략을 물리치도록 좁은 문에 힘써서 들어가라고 예수님께서 격려하시는 것입니다.

예수님의 말씀 가운데 진주 장사의 비유가 있습니다. 진주 장사가 값진 진주를 확보하기 위해 여러 곳을 두루 다니다 좋은 진주 하나를 발견했습니다. 진주 장사는 그 진주의 가치를 알기 때문에 자기 소유를 모두 팔아 그 진주를 샀습니다(마 13:45, 46). 좁은 문을 찾아 들어가는 자도 이와 같은 영적 특징을 가집니다. 좁은 문으로 들어가는 것이 그의 인생에서 얼마나 소중한지 알기에 어렵고 힘들어도 그 문으로 들어가려 애씁니다.

좁은 문으로 들어가기를 힘쓸 때 우리는 그 문에 들어갈 능력이 자신에게는 없다는 사실을 깨닫고 더욱 겸손히 나아가 하나님께서 베푸시는 은혜를 구하게 됩니다. 따라서 좁은 문으로 들어가기를 힘쓰는 자는 하나님 앞에서 그들의 심령이 가난해지며 겸손해지는 것을 체험합니다. 그래서 심령이 가난한 자가 천국에 들어간다고 말하는 것입니다.

그렇다면 우리는 행위로 구원받는가 하는 생각이 들 수 있습니다. 그러나 아닙니다! 좁은 문은 우리의 행위로 구원받는 것을 의미하지 않습니다. 오히려 좁은 문은 하나님의 은혜의 진정성을 나타내는 것입니다.

진정한 구원의 은혜가 있다면 좁은 문을 택하게 되며, 협착한 길 가운데 있을 것입니다. 성령께서는 구원의 은혜를 유효하게 할 자에게 좁은 문과 협착한 길에 생명이 있음을 알려 주십니다. 성령께서 심령에 이 영적 원리를 심어주시고 그 길의 소중함을 깨닫게 하십니다. 그 영혼의 의지를 갱신시키셔서 좁은 문을 찾고 그 협착한 길로 기꺼이 들어서게 하십니다. 이때 성령께서 주시는 것이 구원에 이르는 믿음입니다. 이 믿음은 선물입니다.

결코 우리 자신의 의지와 행위로 좁은 문과 협착한 길을 선택하여 들어가는 것이 아닙니다. 오직 하나님의 은혜로 찾고 구하여 좁은 문을 통과하고, 협착한 길로 들어서는 것입니다. 좁은 문과 협착한 길로 들어섰다는 것은 더욱이 이러한 성령의 역사와 그 효과가 드러나는 것이기에 진정한 구원의 은혜가 그 영혼에게 있다는 증거가 됩니다.

좁은 문으로 들어간 사람에게는 자신의 정욕을 억제하고 죽이려는 신앙적인 변화가 일어납니다. 죄를 미워하고, 죄의 길을 피하려는 성향이 마음속에 심겨진 것입니다. 그는 마음의 정욕을 죽이고 거룩한 길에 있고자 합니다. 교만과 악하고 더러운 생각들이 자신의 마음속에 자리 잡지 못하도록 그것들과 싸웁니다. 좁은 문을 찾는 자들은 그들의 심령 속에 거룩한 성품이 형성되었다는 증거를 보여주는 자들입니다.

그리스도인에게 일어나는 심령의 변화는 눈에 보이게 나타납니다. 그들이 좁은 문을 통과해 좁은 길 가운데 있음을 분명하게 드러냅니다. 따라서 그 사람의 영혼이 넓은 문을 통과했는지 좁은 문을 통과했는지는 확연히 구별할 수 있습니다.

오늘날 수많은 사람들이 자신을 그리스도인이라 말합니다. 그러나 구원받았음을 증명하는 삶의 변화가 보이지 않는다면, 그들은 좁은 문이 아닌 넓은 문으로 들어가 넓은 길에 서있다는 사실을 증명하는 것입니다. 좁은 문을 통과해서 좁은 길을 가는 사람에게는 그 증거들이 너무나 분명하게 사람들의 눈에 보이도록 드러나기 때문입니다.

우리는 자신이 넓은 문으로 들어가 넓은 길에 있는지, 아니면 좁은 문으로 들어가 협착하여 찾는 이가 적은 좁은 길에 있는지 점검해야 합니다. 넓은 길에 있다면 지금 자신이 멸망의 길에 있다는 것을 깨달아야 합니다. 그리고 진정한 구원의 은혜가 있게 하는 성령의 거듭남의 역사가 자신에게 나타나도록 하나님께 은혜를 구해야 합니다.

좁은 문의 소중함을 깨닫고 하나님의 은혜에 의지하여 좁은 문을 향해 돌아서십시오. 이러한 자기 점검을 하지 않는다면 영적으로 매우 위험한 상태에 직면하게 될 것입니다. 마지막 날에 멸망 길에 있는 자신을 발견하고 심히 당황하지 않도록 지금 바로 확인해야 합니다.

PART 2

진리와 거짓을
분별하는지
점검하십시오

6. 참된 목자입니까? 거짓 목자입니까?

7. 바른 복음입니까? 다른 복음입니까?

8. 견인되는 자입니까? 타락하는 자입니까?

9. 진리의 영입니까? 미혹의 영입니까?

15거짓 선지자들을 삼가라 양의 옷을 입고 너희에게 나아오나 속에는 노략질하는 이리라 16그들의 열매로 그들을 알지니 가시나무에서 포도를, 또는 엉겅퀴에서 무화과를 따겠느냐

_마태복음 7:15, 16

6

참된 목자입니까?
거짓 목자입니까?

예수님께서는 좁은 문으로 들어가라고 말씀하신 후 이어서 거짓 선지자들을 주의하라고 경고하십니다. 거짓 선지자는 잘못된 구원에 이르는 교훈을 가르치거나 또는 바른 가르침을 부패한 세상적 방식으로 가르치는 자들을 말합니다. 거짓 선지자들은 자신이 추구하는 그 어떤 세상적 목적을 가지고 있습니다.

예수님께서 이들에 대해 특별히 경고하신 이유는 거짓 선지자들의 위험성이 매우 크기 때문입니다. 거짓 선지자들은 그리스도인들로 하여금 경건의 길에서 떠나게 만들어 결국 망하게 합니다. 거짓 선지자들을 삼가라는 예수님의 교훈은 그들이 어떤 자인지 특징을 파악한 후 그들을 피하라는 말씀입니다.

거짓 목자

거짓 선지자들은 오늘날 거짓 목자들을 말합니다. 그들의 가장 두드러진 특징은 잘못된 가르침을 전하여 신자들을 잘못된 길로 인도하는 것입니다.

"내 백성을 유혹하는 선지자들은 이에 물 것이 있으면 평강을 외치나 그 입에 무엇을 채워 주지 아니하는 자에게는 전쟁을 준비하는도다"(미 3:5).

거짓 선지자들은 그리스도의 양들 가운데 있으면서 자신의 이득을 위해 사람들을 잘못된 길로 인도하는 삯꾼 목사, 삯꾼 교사들입니다. 사도들의 시대에도 잘못된 가르침을 전하는 거짓 선지자들이 많이 일어났는데, 사도 바울은 그들이 가르친 잘못된 교훈을 다른 복음이라 칭했습니다.

사도 바울은 에베소 장로들에게 편지하며 자신이 떠난 후 이리들이 와서 양들을 해하기 위해 잘못된 가르침을 가르칠 것이라 경고했습니다. 갈라디아 교회의 경우 그리스도를 믿는 것으로는 부족하니 율법을 지켜야 한다는 가르침이 들어왔는데, 그 결과 갈라디아 교회의 교인들 가운데 율법의 행위로 자신을 의롭게 하려는 어리석음에 빠지는 자들이 생겨났습니다. 바울은 이러한 율법주의를 두고 분명히 다른 복음이라 지적했습니다.

바울은 또한 골로새 교회에도 편지했는데, 그 주된 이유 가운데 하나는 영지주의자들의 가르침이 들어왔기 때문입니다. 세상의 철학적인 가르침과 기독교 교리가 혼합된 가르침이 사람들을 속이고 있었습니다. 바울은 세상의 철학은 사람들을 헛되게 하고 속이는 것으로서 그 근원이 세상의 초등학문에 불과하며 또한 그것으로는 그리스도를 알 수 없다고 단언했습니다.

"누가 철학과 헛된 속임수로 너희를 사로잡을까 주의하라 이것은 사람의 전통과 세상의 초등학문을 따름이요 그리스도를 따름이 아니니라"(골 2:8).

사도 요한은 교회에 들어온 영지주의자들을 적그리스도라 불렀습니다. 그들은 그리스도께서 인간의 몸을 입으신 것을 부정하는 자들입니다. 사도 요한은 그러한 가르침에는 마귀가 역사하며, 성령이 역사할 수 없다고 말했습니다. 또한 유다서에서는 예수님을 믿는다면 육신의 죄를 짓고 살아도 아무 문제가 없다는 가르침이 교회에 가만히 들어온 것을 볼 수 있습니다. 이러한 가르침이 들어오면 교회는 경건을 잃습니다. 그때 교회에는 세상적이며 육신적으로 살아가는 교인들이 많아지게 됩니다.

사도 바울이 다른 복음이라 했던 거짓 가르침들이 오늘날 교회에도 그대로 있습니다. 그중에 대표적인 하나가 바로 자신의 의지로 구원에 이르려는 시도입니다. 자신의 의지로 내리는 결단을 믿음으로 보고, 믿기로 결심만 한다면 그는 구원받았다고 선언하는 것입니다. 곧 사람의 의지가 원인이 되어서 구원받는다고 말하는 것인데, 이는 성경에서 말하는 구원에 이르는 믿음과 거리가 멉니다.

실제로 그 심령에 구원에 이르는 영적 요소가 없음에도 그 사람은 구원을 받았다고 선언하는 것은 이 시대의 거짓 선지자, 거짓 목사, 거짓 교사들의 가르침입니다. 이러한 가르침은 사람들로 성경에서 말하는 구원의 은혜로부터 멀리 떠나게 하여 멸망에 이르도록 합니다. 우리는 이러한 가르침을 전하는 거짓 목자들을 경계하고 물리쳐야 합니다.

어떤 목자들은 때로 환상적이며 격앙된 집회를 통해 감정적인 체험을 유발시킵니다. 이러한 체험들이 마치 성령의 역사인 것처럼 말하는데 그들 역시 이 시대의 거짓 선지자입니다. 실제로 우리가 구원받을 때 일어나는 성령의 역사는 이러한 환상적인 체험들이 아닙니다.

구원에 이르는 성령의 유효한 역사는 하나님의 말씀을 통해 우리가 죄인이라는 사실을 근심과 고민으로 깨닫게 합니다. 더

불어 회개하지 않은 죄는 하나님의 심판을 불러일으킨다는 사실을 철저히 알게 합니다. 진정한 성령의 역사는 우리로 구원의 은혜를 찾고 구하게 하며, 구원에 이르는 회개를 이루게 하고, 그리스도에 대한 진정한 믿음을 갖게 합니다.

"하나님의 뜻대로 하는 근심은 후회할 것이 없는 구원에 이르게 하는 회개를 이루는 것이요 세상 근심은 사망을 이루는 것이니라"(고후 7:10).

참된 목자와 진실된 교사는 이러한 성령의 역사를 구체적으로 가르치고, 그리스도인들로 하여금 실제적인 구원의 체험이 있도록 은혜의 수단을 붙잡게 합니다.

사도 바울과 사도 요한이 언급했던 영지주의자들 역시 오늘날의 교회 안에서 계속 나타나고 있습니다. 그들은 사도 바울이 지적한 것처럼 세상의 초등학문인 철학을 가지고 기독교 교리를 체계적으로 설명하려 합니다. 또 철학의 형이상학적인 어려운 용어로 성경을 해석하려 합니다. 그러나 대다수의 철학은 거듭나지 않은 자들이 자신들의 이성적 체계에 갇혀서 세상과 인생의 이치를 알고자 하는 논리입니다. 그것으로 하나님의 계시인 성경을 해석하거나, 그 용어를 차용해 기독교의 교리들을 설명할 수 없습니다.

우리가 기록된 하나님의 계시인 성경말씀을 읽고 듣고 공부할 때 성령의 깨닫게 하시는 조명의 역사와 성령의 도우심이 나타납니다. 이를 통해서만 성경은 이해되어지며 깨달아집니다. 이것이 진리라고 성경은 말하고 있습니다.

> "우리 주 예수 그리스도의 하나님, 영광의 아버지께서 지혜와 계시의 영을 너희에게 주사 하나님을 알게 하시고"(엡 1:17).

더욱이 영적인 진리는 육적인 인간의 거듭나지 않은 제한된 이성으로는 이해할 수 없는 것입니다. 그런데 교만한 마음으로 철학적 이해와 용어들을 사용해 기독교의 교리를 해석하는 자들이 교회 안에 많습니다. 청교도 신학자인 존 오웬은 철학의 방법론으로 신학 하는 것을 반대했는데, 이는 이단으로 가는 첫걸음이라고 말했습니다.

이렇게 철학을 가지고 진리에 접근하거나 진리를 해석하려는 자들은 거짓 선지자입니다. 진리를 교묘하게 왜곡하거나 비틀어서 진리 가운데 오류를 섞은 이론과 가르침을 전하는 것이 바로 이 시대의 거짓 선지자들의 특징입니다. 오늘날 한국교회에

도 이 같은 헛되고 속이는 철학으로 구원의 진리에 접근하는 수
많은 거짓 목사와 거짓 신학자와 거짓 교사들이 있습니다.

거짓 선지자들은 자신이 진리를 가르치는 것처럼 포장합니다.
그들은 양의 모습을 하고 도덕적인 사람처럼 보이며, 자신이 가
르치는 것이 참된 진리라고 강조합니다. 그러나 그 마음속에는
양들을 노략질하기 위한 사심이 가득 차 있습니다. 거짓 선지자
들은 영혼을 속이는 자들입니다. 그들은 자신을 자랑하고 스스
로를 높입니다. 거짓 목자들은 매우 유창한 말로 사람들을 현혹
시킵니다. 진정한 목회자였던 사도 바울은 외모가 볼품없었고
말도 유창하지 못했습니다. 그러나 거짓 목자들은 그와는 완전
히 반대의 모습을 합니다.

거짓 목자들은 자신의 교회와 교인의 숫자를 자랑하고 부와
자신의 능력을 자랑합니다. 자신에게 어떤 특별한 영적 능력이
있다거나 혹은 자신의 기도에는 물질적 축복권이 있다거나 하
는 말로 양들을 유혹합니다. 거짓 목자들은 사람들의 귀를 즐겁
게 하며 사람들을 기쁘게 하는 사역을 합니다. 하나님의 진리를
경외함으로 다루지 않습니다. 자신의 입담과 재치를 동원해 사
람들의 귀를 즐겁게 해주는 데 더욱 마음을 둡니다. 그것을 통해
자신의 이익을 추구합니다.

거짓 목자들의 사역을 통해서는 재미와 잠시 잠깐의 즐거움이 주어질지 모르겠지만, 진정한 회심을 통해 중생케 하는 성령의 역사가 나타나지 않습니다. 그들은 하나님께서 성도에게 단번에 주신 구원에 이르는 믿음의 도, 즉 진리를 다루지 않습니다. 진리에 무지한 자들이기 때문입니다.

거짓 목자들은 세상의 풍조와 유행에 민감해 그것에 맞추어 사역을 합니다. 때문에 외형적으로는 성공한 것처럼 보이는 경우가 많습니다. 사도 바울은 거짓 능력으로 눈에 괄목할 만한 효과를 내는 거짓 선지자들에 대해 말했습니다. 진정한 믿음이 없거나 진리에 대해 전혀 분별력이 없는 사람들은 이러한 거짓 목자들이 풍기는 외형적 효과를 보고 그들을 따라갑니다.

정통신학자인 아타나시우스와 이단자인 아리우스가 논쟁할 때 아리우스가 훨씬 더 인기가 많았습니다. 정통신학자인 어거스틴과 펠라기우스가 논쟁할 때에도 사람들은 펠라기우스의 가르침을 더욱 선호했고, 그를 더 많이 따랐습니다. 1830년대에는 정통신학을 따르는 프린스톤 신학교 출신의 신실한 목회자보다 환상주의를 추구했던 찰스 피니가 훨씬 더 대중적인 인기를 누렸습니다. 교회에서의 딱딱한 교리 공부보다 찰스 피니의 집회에 더욱 많은 사람들이 몰려갔습니다.

왜냐하면 거짓 목자들은 그 시대의 풍조에 잘 어울리는 사역을 했기 때문입니다. 오늘날 한국교회에도 이러한 거짓 목자들이 판을 치고 있습니다. 성령 운동의 이름으로, 신사도 운동의 이름으로, 성령 집회라는 이름으로 능력과 표적과 기적을 나타내지만 실상은 사탄의 활동에 의한 속임수입니다. 그러한 집회를 좋아하고 쫓아다니는 자들은 심오한 구원의 진리를 사랑하지 않습니다. 그들은 오직 눈에 보이는 것들을 추구하는 거짓 그리스도인입니다.

그러므로 영이 어디서부터 왔는지, 하나님으로부터 온 진리의 영인지 아니면 사탄으로부터 온 거짓 영, 미혹의 영인지 분별해야 합니다. 이러한 영적 분별력과 통찰력을 잃어버리고 거짓 목사, 거짓 신학자, 거짓 교사들을 따라갔다가는 결국 멸망에 이르게 됩니다.

"악한 자의 나타남은 사탄의 활동을 따라 모든 능력과 표적과 거짓 기적과 불의의 모든 속임으로 멸망하는 자들에게 있으리니 이는 그들이 진리의 사랑을 받지 아니하여 구원함을 받지 못함이라 이러므로 하나님이 미혹의 역사를 그들에게 보내사 거짓 것을 믿게 하심은 진리를 믿지 않고 불의를 좋아하는 모든 자들로 하여금 심판을 받게 하려 하심이라"(살후 2:9-12).

거짓 선지자는 마귀의 도구가 되어 진리를 더욱 억압하고 진리가 증거되지 못하도록 막습니다. 그들은 분명 그리스도의 이름을 고백하고 그리스도의 이름으로 사역을 하지만, 결코 그리스도에게 굴복되지 않은 자들입니다.

그들은 자신의 목적을 위해 그리스도를 이용할 뿐입니다. 그들은 잘못된 목적을 가졌기에 자신을 빛의 천사로 가장해 거짓된 교리를 가르치고, 부패된 방식으로 교리를 가르칩니다. 따라서 거짓 목자 아래에서 가르침을 받고 인도함을 받는다면 그 사람은 서서히 하나님 말씀에서 떠나 결국에는 경건에서 멀어지게 됩니다.

거짓 선지자들의 가르침은 아무리 작은 것이라 할지라도 강한 영향력을 미칩니다. 그들은 이리와 같이 영혼을 파괴하고 노략질하기 때문에 반드시 구별해서 물리쳐야 합니다. 거짓 선지자의 특징이 나타난다면 그의 가르침과 영적 지배로부터 신속히 떠나야 합니다. 그들이 사역하는 교회에서도 신속히 떠나야 합니다. 그러므로 참 그리스도인은 거짓 목자들을 분별하기 위해 성경적 교리들을 잘 알아야 합니다.

참 구원신앙의 가장 중요한 기초는 구원에 이르는 믿음, 즉 구원에 이르는 교리를 성경을 통해 분명히 아는 것입니다. 우리의 지성을 구원의 풍성한 지식으로 가득 채워야 합니다. 그래서 거짓 목자들의 부패된 가르침과 오류를 분별할 수 있어야 합니다. 이것은 참 그리스도인의 거룩한 의무입니다.

참된 목자

참된 목자의 특징은 그 자신께서 먼저 참된 목자가 되신 예수님께서 보이신 본을 통해 알 수 있습니다. 참된 목자는 양을 돌보기 위해 자신의 생명을 내놓으며, 양들의 이름을 불러주고, 목자의 음성을 알기까지 양들을 훈련시켜 그들로 하여금 목자를 따라오게 합니다. 그래서 양은 무엇보다 목자의 음성에 대해 분별력을 가지게 되며, 다른 목자의 음성을 들었을 때는 따라가지 않고 도망치게 됩니다.

또한 참된 목자는 낙오되는 양이 없도록 돌보며, 푸른 초장과 쉴만한 물가로 양들을 인도합니다. 예수님께서는 참된 목자로서 제자들에게 분명히 목양의 자세와 태도에 대해 가르쳐 주셨습니다.

예수님께서 친히 보이신 모범을 통해 알 수 있는 참된 목자의 가장 중요한 특징은 양들로 하여금 **주의 말씀에 분별력을 갖게 하는 것**입니다. 참된 목자는 양들로 진리 가운데 거하게 하며 또한 그 진리가 그들의 영혼을 이끌게 합니다. 이렇게 훈련함으로써 양들이 거짓 가르침에 속지 않게 하고 또 멸망의 길로 가지 않도록 그들의 영혼을 인도합니다.

"내가 그들에게 영생을 주노니 영원히 멸망하지 아니할 것이요 또 그들을 내 손에서 빼앗을 자가 없느니라"(요 10:28).

예수님께서 보이신 참된 목자의 방식을 따른 인물로는 사도 바울을 들 수 있습니다. 바울은 고린도 교회로부터 사도가 아니라는 모욕을 당했습니다. 그때 바울은 자신이 예수님으로부터 사도로 부르심을 받았다고 말하며, 그것을 증명하기 위해 자신이 예수님의 모범을 따라 사도의 직무를 수행했다고 말합니다. 또한 자신의 사역으로 인해 회심한 자들에게 자신이 아버지와 같은 역할을 했다고 말합니다.

"그리스도 안에서 일만 스승이 있으되 아버지는 많지 아니하니 그리스도 예수 안에서 내가 복음으로써 너희를 낳았음이라"(고전 4:15).

바울의 말은 참된 목자의 특징이 무엇인지 잘 나타냅니다. 참된 목자는 **예수 안에서 복음으로 생명을 낳을 수 있어야 합니다.**

한 영혼이 얼마나 귀중한지 깨닫고 그 영혼을 천국으로 인도하기 위해 오직 하나님의 말씀을 가르침으로써 성령의 역사로 새 생명을 낳는 것입니다. 어떤 정형화된 프로그램이나 제자훈련 과정과 같은 것을 토대로 하나님의 말씀을 가르치는 것이 아닙니다. 오직 성경 말씀을 중심으로 그 말씀에서 파생된 구원의 교리를 영혼에 심어주는 일을 쉼 없이 하는 것입니다. 말씀을 들은 영혼에 회심의 역사가 일어날 때까지 그 영혼을 붙잡고 하나님의 말씀으로 씨름하는 것입니다.

참된 목자는 또한 말씀의 성령의 역사가 그 영혼 위에서 어떻게 일하시는지 주목합니다. 그 영혼에 일어난 성령의 역사로 그가 죄를 얼마나 깊이 각성하는지 살핍니다. 그리고 그 영혼의 구원을 위해, 그가 오직 그리스도의 구속하심과 의롭다 하심을 통한 죄의 용서함과 구원하심을 깨달아 그리스도께 달려가기까지 그를 돕습니다. 이것이 바로 복음으로 낳았다는 의미입니다.

따라서 참된 목자는 하나님의 말씀 위에 성령이 일하시는 원리에 대해 전문가가 되어야 합니다. 한 영혼이 회심하기까지의 과정에 대한 영적 통찰력을 지녀야 합니다. 이러한 영적 자질을 갖춰야 한 영혼이 회심하기까지 목자로서 그 영혼을 돌보고, 진정한 회개와 믿음이 발생되도록 도와줄 수 있습니다.

청교도 시대에는 교회에 참된 목자와 거짓 목자를 구별하는 사정위원회가 있었습니다. 사정위원회는 거짓 목자의 표식을 잘 알았을 뿐 아니라 참된 목자의 표식에 대해서도 잘 알았습니다. 그래서 목회자가 진정한 성경적 회심의 경험이 없거나 혹은 한 영혼이 회심하기까지의 과정을 모른다면 강단에서 내려오도록 했습니다.

청교도 목회자 리처드 벡스터는 『참목자상』을 통해 참된 목자의 가장 두드러진 특징은 영혼의 회심을 위해 수고하는 것이라고 말했습니다. 그는 참된 목자에게는 회심이 일어나게 하는 성령의 역사에 대한 영적 통찰력이 있어야 한다고 강조합니다.

사도 바울은 데살로니가 교회의 그리스도인들에게 편지하며 자신이 어떻게 사역했는지 설명했습니다. 자신은 아첨의 말을 하거나 탐심의 탈을 쓴 적이 없으며, 이것에 대해 하나님께서 직접 증인이 되신다고 말합니다. 그러면서 자신의 사도 직무는 유모가 자녀를 기름과 같다고 말합니다.

"우리는 그리스도의 사도로서 마땅히 권위를 주장할 수 있으나 도리어 너희 가운데서 유순한 자가 되어 유모가 자기 자녀를 기름과 같이 하였으니"(살전 2:7).

이 구절에서 유모는 자녀에게 모유를 수유하는 어머니를 지칭합니다. 아이를 낳은 어머니는 자연스레 젖이 나옵니다. 어머니는 젖을 내기 위해 음식물을 섭취하고 그 영양분은 소화의 과정을 거쳐서 피 속으로 흡수됩니다. 피 속에 흡수된 영양분이 어머니의 젖이 되는 것입니다. 바울은 이러한 과정을 알기에 목숨까지도 주기를 기뻐한다고 말했습니다.

이 구절은 참된 목자란 회심한 영혼을 어떻게 돌보고 양육하는지 영적 통찰력을 가져야 한다고 말하는 것입니다. 즉, 한 영혼의 회심을 위해 수고하는 데서 그치는 것이 아니라 그 영혼이 그리스도의 형상을 회복하기에 이르기까지 수고해야 참된 목자라는 것입니다. 참된 목자는 회심한 영혼이 말씀으로 더욱 자랄 수 있도록 도와주어야 합니다. 그 영혼이 어린아이의 단계에 머무르지 않고 영적으로 장성한 자가 되도록 양육하고 도울 수 있어야 합니다.

그러기 위해서는 이미 가르친 말씀들과 교리들을 반복해서 가르쳐야 합니다. 그들이 교회를 위해 봉사할 수 있도록 필요한 것들을 구비하여 온전한 자가 되게 하고, 그리스도의 충만하심의 장성한 분량에 이르도록 인도해야 합니다. 이와 같은 영적 단계에 이른 그리스도인은 이제 세상의 교훈과 거짓 가르침에 속아 넘어가지 않습니다.

"우리가 다 하나님의 아들을 믿는 것과 아는 일에 하나가 되어 온전한 사람을 이루어 그리스도의 장성한 분량이 충만한 데까지 이르리니 이는 우리가 이제부터 어린 아이가 되지 아니하여 사람의 속임수와 간사한 유혹에 빠져 온갖 교훈의 풍조에 밀려 요동하지 않게 하려 함이라"(엡 4:13, 14).

　바울의 실제적인 전도와 목양을 통해 나타난 참된 목자의 특징은 분명합니다. 참된 목자는 한 영혼이 장성한 분량에 이르기까지 수고하는 자입니다. 그래서 참된 목자는 영혼에 일어나는 영적인 현상에 대해 전문가가 되어야 합니다. 참된 목자는 하나님께서 택하신 백성에게 구원의 은혜를 베푸실 때 회심의 도구로 사용됩니다. 또한 그 영혼이 장성한 분량의 믿음에 이르게 하는 수단이 됩니다. 물론 이렇게 영혼을 돌보는 것은 결코 쉬운 일이 아닙니다. 바울은 예수님의 모범을 따라 한 영혼, 한 영혼을 돌보았습니다.

　우리는 지금 우리가 다니는 교회의 목사가 참된 목자인지 거짓 목자인지 점검해야 합니다. 만약 그가 참된 목자가 아니라면 우리가 받았다고 믿는 구원의 진위 여부를 확신할 수 없습니다. 그럼에도 계속 거짓 목자의 교회에 다닌다면 그것은 마치 무면허 의사에게 우리의 몸을 맡기는 것과 같습니다. 이러한 경우 참된 목자를 찾아 떠나야 합니다. 참된 목자는 우리의 영혼이 천성에 이르기까지 돌보고, 안전하게 도달하도록 말씀으로 젖을 먹이며 양육하고 돌봐줍니다. 그러한 참된 목자 아래에서 신앙생활을 할 때 우리의 영혼은 안전합니다.

오늘날 한국교회의 상황은 바울의 말처럼 일만 스승은 있으나 참된 목자는 없는 것과 다를 바 없습니다. 한 영혼, 한 영혼을 오직 말씀과 성령의 도우심으로 돌보지 않고 오직 교회 성장의 도구로 바라보는 목회자들이 많습니다. 참된 목자는 오직 영혼의 구원을 위해 최선을 다하여 말씀으로 양들을 양육해야 합니다. 참된 목자와 거짓 목자를 분별해 피하는 것은 그리스도인의 책무입니다. 거짓 목자를 떠나 참된 목자에게 가서 신앙생활을 해야 합니다. 그래야 우리의 구원이 안전합니다.

[6]그리스도의 은혜로 너희를 부르신 이를 이같이 속히 떠나 다른 복음을 따르는 것을 내가 이상하게 여기노라 [7]다른 복음은 없나니 다만 어떤 사람들이 너희를 교란하여 그리스도의 복음을 변하게 하려 함이라 [8]그러나 우리나 혹은 하늘로부터 온 천사라도 우리가 너희에게 전한 복음 외에 다른 복음을 전하면 저주를 받을지어다 [9]우리가 전에 말하였거니와 내가 지금 다시 말하노니 만일 누구든지 너희가 받은 것 외에 다른 복음을 전하면 저주를 받을지어다 ……

[11]형제들아 내가 너희에게 알게 하노니 내가 전한 복음은 사람의 뜻을 따라 된 것이 아니니라 [12]이는 내가 사람에게서 받은 것도 아니요 배운 것도 아니요 오직 예수 그리스도의 계시로 말미암은 것이라

_갈라디아서 1:6-9, 11, 12

7

바른 복음입니까?
다른 복음입니까?

바울이 갈라디아 교회에 복음을 전하고 떠난 후 거짓 교사들이 교회에 들어와 잘못된 교리들을 가르쳤는데 교인들 가운데 그 가르침을 따르는 자들이 있었습니다. 바울은 그들이 잘못된 교리를 따르는 것에 매우 실망하여 교인들을 강하게 책망하고, 거짓 교사들의 영적 정체를 드러냈습니다. 바울은 거짓 교사들을 향해 저주를 받을 것이라 강력하게 경고하면서 또한 잘못된 교리를 따르는 자들에게 어리석은 자들이라 심히 꾸짖었습니다. 동시에 그들에게 전했던 바른 복음을 다시 전하며 그 중요성을 강조했습니다.

바울이 꾸짖은 잘못된 가르침, 즉 다른 복음은 오늘날에도 한국교회 안에 만연해 있습니다. 따라서 우리는 바울이 경고하고 책망했던 다른 복음의 실체가 무엇인지 알아보고, 과연 우리는 바른 복음 위에 서있는지 아니면 우리도 모르는 사이에 다른 복음을 따르지는 않았는지 자신을 살펴보아야 합니다.

다른 복음

바울이 갈라디아서에서 지적한 다른 복음은 쉽게 말해 바른 복음의 가르침을 떠난 것입니다. 거짓 교사들이 가르친 새로운 교리는 거짓 구원교리였습니다. 그들은 구원을 받으려면 그리스도를 믿을 뿐 아니라 할례를 받고 율법을 지켜야 한다고 주장했습니다. 이는 예수 그리스도의 복음을 뒤튼 것입니다. 바른 복음을 완전히 부정한 것은 아니었지만 엄연한 왜곡이었습니다.

거짓 교사들이 이러한 가르침을 강조한 이유는 그것이 당시 모든 그리스도인에게 가해지던 핍박을 피하는 방법이었기 때문입니다. 그래서 거짓 교사들은 그리스도에 대한 믿음의 고백이 있을지라도 할례를 받고 날과 달과 절기를 지키는 율법의 행위들이 있어야 구원받을 수 있다고 가르쳤습니다. 그리스도의 복음을 뒤틀어 놓은 이 가르침에 대해 바울은 다른 복음이라 칭하며 이를 전하는 자는 저주를 받을 것이라 말했습니다.

"다른 복음은 없나니 다만 어떤 사람들이 너희를 교란하여 그
리스도의 복음을 변하게 하려 함이라 그러나 우리나 혹은 하
늘로부터 온 천사라도 우리가 너희에게 전한 복음 외에 다른
복음을 전하면 저주를 받을지어다"(갈 1:7, 8).

복음을 약간만 왜곡시켰다 할지라도 그것은 결국 복음 전체를
부정하고 그리스도의 구원의 은덕을 쓸모없게 만드는 것입니
다. 그래서 바울은 갈라디아 교회의 거짓 교사들이 전하는 거짓
된 가르침을 강력히 경고하고 그 가르침을 따르는 자들을 향해
어리석다 책망했습니다.

"어리석도다 갈라디아 사람들아 예수 그리스도께서 십자가
에 못 박히신 것이 너희 눈 앞에 밝히 보이거늘 누가 너희를
꾀더냐"(갈 3:1).

거짓 교사들이 가르친 다른 복음은 율법의 기능을 왜곡했습니
다. 진정으로 율법을 지키려고 애쓰는 사람은 율법을 온전하게
지킬 수 없는 자신을 발견합니다. 뿐만 아니라 오히려 자신의 죄
가 더욱 많음을 깨닫습니다. 그러나 거짓 교사들은 마치 우리가
율법을 지킬 수 있다는 듯 말했습니다. 그들이 가르친 다른 복음

은 죄의 교리 가운데 가장 중요한 것, 즉 인간은 하나님 보시기에 전적으로 부패했으며 구원받기에 전적으로 무능하다는 사실을 믿지 않습니다.

바른 복음의 가르침은 아담과 하와의 타락으로 모든 인간은 태어날 때부터 죄인이며, 하나님 앞과 사람 앞에서 죄를 짓지 않을 수 없는 상태가 되었고, 죄에 대한 심판을 받아 영벌에 들어갈 수밖에 없다는 것입니다. 이 사실을 가르쳐 교인들로 깨닫게 해야 합니다. 그런데 다른 복음을 전하는 자들은 율법을 지키는 행위가 공로가 되어 하나님 앞에 의롭게 된다고 믿습니다.

오늘날 한국교회 안에도 인간의 전적 부패와 전적 무능을 믿지 않고 다른 복음을 전하는 거짓 교사에 해당하는 거짓 목사들이 많습니다. 또한 그들의 가르침을 믿음이라는 이름하에 맹목적으로 따르는 어리석은 교인들도 많습니다. 이들은 한결같이 믿음이라는 인간의 행위를 구원의 조건으로 강조하며 사람은 자신의 의지로 충분히 그리스도를 믿을 수 있다고 말합니다. 자신의 자유의지에 따른 결정으로 예수 그리스도를 믿을 수 있다고 주장합니다.

그러나 바른 복음은 우리에게 분명히 말합니다. 우리가 예수님을 믿으려면 먼저 거듭남의 역사가 있어야 합니다. 물과 성령으로 거듭나는 역사가 있어야 예수 그리스도를 믿을 수 있습니다. 그 성령의 역사는 율법을 통해 우리가 하나님 앞에서 철저히 죄인이라는 사실을 알려주고 또 그러한 우리에게 죄의 용서가 절대적으로 필요하다는 사실을 깨우쳐 줍니다.

우리의 구원이 유효하도록 역사하시는 성령께서는 오직 그리스도 안에 우리 죄에 대한 용서와 불의를 덮는 의로움이 마련되어 있음을 깨닫게 하십니다. 그래서 이를 깨달은 죄인마다 그리스도께 달려가는 것입니다. 사도 바울이 율법은 그리스도께로 인도하는 초등교사라 말한 이유가 여기에 있습니다.

"이같이 율법이 우리를 그리스도께로 인도하는 초등교사가 되어 우리로 하여금 믿음으로 말미암아 의롭다 함을 얻게 하려 함이라"(갈 3:24).

성령의 역사로 심령이 갱신되어야 예수 그리스도를 믿을 수 있습니다. 아담의 타락 이후 인간은 죄와 허물로 영혼과 몸이 완전히 죽었기 때문에 스스로의 힘으로는 결코 그리스도를 믿을 수 없습니다. 그런데 오늘날 한국교회의 수많은 목회자들은 갈라디아 교회의 거짓 교사와 같이 다른 복음을 전합니다. 거듭남의 역사가 없는데도 사람의 의지로 예수 그리스도를 믿으라고 강조합니다.

그들은 바울이 말한 대로 어리석은 자들이며 스스로 속는 자들입니다. 바울이 갈라디아 교회의 거짓 교사들을 책망했던 것처럼 이러한 가르침은 정직하지 못합니다. 구원에 이르는 도를 알지 못하는 영적 무지에서 나오는 것입니다.

갈라디아 교회의 다른 복음에는 실제로 우리에게 구원이 일어나도록 하는 성령의 역사가 누락되어 있습니다. 바울은 성령의 역사로 인해 믿음이 일어남을 부정하는 다른 복음에 대해 다음과 같이 밝힙니다.

"너희에게 성령을 주시고 너희 가운데서 능력을 행하시는 이의 일이 율법의 행위에서냐 혹은 듣고 믿음에서냐"(갈 3:5).

다른 복음은 자신이 율법을 지켜 하나님 앞에서 의로워지려는 것이므로 율법 위에 역사하시는 성령의 역사를 배제합니다. 죄를 깨닫게 하시고 그리스도의 필요성과 십자가의 대속적 죽음의 가치를 알게 하셔서 그리스도께로 달려가게 하는 성령의 유효한 역사를 누락시킵니다. 자신의 행위로 의로워지려 하기에 바울은 그들을 육체로 마치려는 자들이라고 꾸짖었습니다.

이처럼 성령의 역사를 모르거나 또는 배제한 채 예수를 믿으려는 자들이 오늘날 한국교회 안에 많습니다. 이들의 특징은 교만으로, 자신의 종교적 행위에 구원의 근거를 두고 자신의 행위를 크게 자랑합니다. 잘못된 가르침과 다른 복음의 영향으로 구원의 은혜가 없음에도 불구하고 자신에게는 구원이 있다고 착각합니다. 참으로 어리석은 자들입니다.

갈라디아 교회의 거짓 교사들은 믿는 자들에게 닥치는 고난을 두려워했기에 핍박을 피하려 바른 복음이 아닌 거짓된 교리, 즉 다른 복음을 전파했습니다. 지금도 이러한 현상은 계속됩니다. 많은 교회들이 세상과 맞서 싸우기를 두려워하거나 또는 세상과의 충돌을 피하기 위해 세상의 원리들을 그대로 받아들입니다. 더 나아가 세상과 친근하게 보이도록 세상적인 것으로 치장하고 장식합니다. 그러나 다른 복음이 가는 길은 멸망으로 가는 길이요, 그 끝은 영원한 형벌입니다.

바른 복음

바울은 다른 복음에 대해 논박을 시작할 때 우선 복음은 하나이며 다른 복음은 있을 수 없다고 강조했습니다.

"다른 복음은 없나니 다만 어떤 사람들이 너희를 교란하여 그리스도의 복음을 변하게 하려 함이라"(갈 1:7).

바울은 자신이 가르치는 복음은 다른 누구로부터 배운 것이 아니며 오직 예수님의 계시로 말미암은 것이라고 말했습니다.

"이는 내가 사람에게서 받은 것도 아니요 배운 것도 아니요 오직 예수 그리스도의 계시로 말미암은 것이라"(갈 1:12).

바울은 자신이 글이나 구전을 통해 다른 사람에게서 복음을 배운 것이 아니라고 강조합니다. 바울이 전한 복음은 오직 예수 그리스도의 계시로부터 받은 것입니다. 바울은 자신이 예수님의 열두 제자 가운데 한 사람은 아니지만, 그가 전한 복음의 근원은 바로 예수님의 제자들이 전한 것과 동일하다고 밝힙니다. 제자들도 바울도 모두 예수님으로부터 복음을 받았기 때문입니다. 바울은 예루살렘에 올라가 교회 지도자들을 만난 일을 특별히 언급했는데, 이는 자신이 전하는 복음과 예루살렘의 지도자들이 전하는 복음이 같음을 증명하려는 것이었습니다.

따라서 복음은 하나이며 여기서 벗어나는 것은 모두 다른 복음입니다. 초대교회에서 복음은 이처럼 하나였으며 제자들과 바울이 전한 복음의 내용에서 벗어나는 것은 모두 거짓이고 이단입니다. 우리는 초대교회로부터 전해 내려오는 이 복음을 바른 복음이라 합니다.

바른 복음은 율법의 행위가 아닌 오직 그리스도를 믿음으로 말미암아 하나님으로부터 의롭다 일컬음을 받는 것을 말합니다. 오직 믿음으로 말미암아 하나님으로부터 의롭다고 인정을 받는 원리, 즉 이신칭의에 의한 구원 교리입니다.

이 교리는 우선 어떤 사람도 율법의 행위로는 의롭다함을 얻을 수 없음을 철저히 인정하는 데서 시작합니다. 우리는 율법을 지키려 애쓰지만 지킬 수 없으며, 더욱이 구원을 위해서도 율법을 온전히 지킬 수 없음을 깨달아야 한다는 것입니다. 율법은 구원의 방편으로 우리에게 주어진 것이 아니라 우리의 죄를 드러내기 위해 모세를 통해 주어졌습니다. 율법은 초등선생으로서 죄를 용서받아야 할 필요성을 우리에게 가르치고, 죄에 대한 하나님의 엄중한 심판을 피할 길을 안내한다고 바울은 말합니다.

바른 복음은 우리가 죄인임을 인정하도록 하는 율법의 기능을 설명합니다. 우리가 죄인임을 깨달아야만 구속주의 필요성을 느끼기 때문입니다. 율법의 이러한 기능이 있어야 복음이 들어가기에 루터는 율법이 먼저 외쳐져 죄인임을 깨닫게 될 때 복음을 증거해야 한다고 말했습니다. 칼빈도 우리가 죄인이라는 사실을 깨달을 때 구원의 필요성을 인식하게 된다고 말했습니다.

종교개혁자들이 한목소리로 이 같은 주장을 한 것은 바른 복음이 우선 율법의 기능을 말하고, 율법을 통해 죄인이라는 사실을 깨닫게 됨을 강조하기 때문입니다. 그러나 이 시대의 교회들은 이러한 방법으로 복음을 전하지 않습니다. 오히려 바른 복음이 증거하는 율법의 기능을 제거합니다. 당신은 죄인이라고 말하면 사람들이 싫어하기 때문에 그들의 구미에 맞춰 복음을 바꿉니다. 단순히 "하나님께서는 당신을 사랑하십니다."라고 말하면서 그 사랑만을 받아들이라는 식으로 복음을 전합니다.

이는 바울이 지적한 것과 같이 바른 복음에서 떠난 다른 복음입니다. 하나님의 사랑은 예수 그리스도의 십자가에서 나타납니다. 그리스도께서 죄인들을 구속하기 위해 우리 죄를 대신해 십자가에서 대속적 죽음을 마치셨기에 그 사랑이 절대적으로 나타나는 것입니다.

"하나님은 사랑이시다."라고 말하면서 죄인을 위해 십자가에 죽으신 그리스도의 대속의 죽음을 모른다면 그것은 쓸모없는 고백입니다. 오늘날 교회에서 외쳐지는 다른 복음은 죄를 깨닫게 하는 율법의 기능이 없기에 진정한 회개도 없습니다. 바른 복음은 율법을 강조하여 그리스도의 필요성을 깨닫게 합니다.

율법을 통해 구원을 얻으려면 모든 율법을 완전히 지켜야 합니다. 그러나 그것은 도무지 불가능한 일이라고 바른 복음은 말합니다. 바른 복음은 자신의 행위로 자신을 구원할 수 없음을 철저히 깨닫기를 요구합니다. 자신의 영적 무능력을 인정하고 오직 하나님께 은혜를 구해 구원을 얻으라는 것입니다. 바울은 이를 설명하기 위해 사라와 하갈을 비유로 듭니다. 사라와 하갈이 낳은 자녀들 모두 아브라함의 아들이지만, 하갈의 자녀는 인간적인 방법으로 얻은 아들이며 사라의 자녀는 자신의 모든 행위와 방법을 포기하고 오직 하나님의 약속만 의지하여 얻은 아들입니다. 즉 진정한 구원의 은혜는 자신의 인간적인 방식을 포기하고 오직 하나님의 은혜만을 의존한다는 것입니다.

바른 복음에 의해 진정한 구원의 은혜가 임한 자에게는 그 영적인 특징이 있습니다. 그들은 자신의 영적 무능을 인정하며, 자신의 행위로는 부족함을 철저히 인정하므로 그 심령이 낮아진 상태입니다. 오직 하나님의 은혜를 바라보기에 겸손합니다. 이것이 바른 복음의 효과입니다.

바른 복음은 또한 실제로 구원이 일어나게 하는 성령의 역사에 초점을 둡니다. 우리가 기록된 계시인 성경말씀을 읽거나 들을 때 성령의 역사로 인해 믿음이 발생하게 됩니다. 이렇게 발생한 믿음은 그리스도를 붙잡게 하며 그 붙잡음을 통해 그리스도와 연합됨으로 하나님 앞에서 의롭다 여김을 받는 것입니다. 바울은 이에 대해 성령을 따라 난 것이라 말하면서 그 결과 오직 죄인의 심령이 새롭게 지음을 받는다고 말했습니다.

우리는 성령의 이러한 역사가 없이는 그리스도를 믿을 수 없습니다. 성령께서 그리스도 안에 있는 구원의 은덕을 우리로 알게 하시지 않으면 우리는 그리스도를 믿을 수 없습니다. 성령의 역사에 의해 발생한 믿음은 그리스도께 연합되게 하며 이때 성령께서 양자의 영으로 신자에게 구원의 확신을 주십니다. 바울은 그리스도께 연합됨으로 우리가 의롭다 여김과 양자됨은 물론 계속해서 성령의 지배를 받는다고 말합니다. 그래서 바울은 성령을 좇아 행하라고 명령합니다. 성령의 역사로 믿음이 발생한 후에도 그 믿음을 유지하고 또한 증가시키기 위해 성령의 역사를 구하라는 것입니다.

바른 복음은 이처럼 실제로 구원을 유효하게 하는 성령의 역사를 설명합니다. 그러나 다른 복음은 이러한 성령의 역사를 누락시키고 인간의 의지 혹은 행위를 강조합니다. 종교개혁이 일어나기 직전 로마 가톨릭 교회의 가르침이 교회를 지배했을 때는 성령의 역사 대신 인간의 행위가 강조되었습니다. 따라서 종교개혁자들은 구원을 유효하게 하는 성령의 역사에 대해 자세히 가르쳤습니다.

16, 17세기의 영국교회는 성공회의 의식주의가 교회를 지배했기 때문에 실제로 구원이 일어나도록 하는 성령의 역사에 무지

했습니다. 이에 대해 개혁의 목소리를 낸 것이 바로 청교도 운동입니다. 청교도들은 성령의 실제적 구원의 역사에 대해 어느 시대보다도 더 많이 강조했습니다. 오늘날 한국교회는 어떻습니까? 가벼운 복음, 쉬운 복음, 건강과 부의 복음, 형통의 복음처럼 성령의 구원 역사가 생략된 다른 복음이 유행하고 있습니다.

우리는 바른 복음이 희귀한 시대를 살고 있습니다. 만일 바른 복음에 대한 설명이 생소하게 느껴진다면 그것은 다른 복음에 익숙해져 있다는 증거입니다. 다른 복음은 우리의 영혼을 멸망으로 인도합니다. 하나님의 나라는커녕 두 번째 사망인 영원한 형벌로 이끕니다. 그냥 하는 말이 아닙니다. 실제 일어날 일입니다. 속히 다른 복음에서 떠나 바른 복음으로 돌아오십시오.

앞에서 설명한 내용들은 바울의 가르침이며 또한 종교개혁자들, 청교도들 그리고 조나단 에드워즈와 같은 신실한 목회자들이 외쳤던 내용입니다. 뿐만 아니라 예루살렘의 사도들과 초대교회의 지도자들이 증거했던 것입니다. 이 시대의 교회 개혁을 위해서는 그 무엇보다도 다른 복음을 물리치고 바른 복음을 세워야 합니다. 더는 다른 복음 아래에 있어서는 안 됩니다.

⁴한 번 빛을 받고 하늘의 은사를 맛보고 성령에 참여한 바 되고 ⁵하나님의 선한 말씀과 내세의 능력을 맛보고도 ⁶타락한 자들은 다시 새롭게 하여 회개하게 할 수 없나니 이는 그들이 하나님의 아들을 다시 십자가에 못 박아 드러내 놓고 욕되게 함이라 …… ¹⁷하나님은 약속을 기업으로 받는 자들에게 그 뜻이 변하지 아니함을 충분히 나타내시려고 그 일을 맹세로 보증하셨나니 ¹⁸이는 하나님이 거짓말을 하실 수 없는 이 두 가지 변하지 못할 사실로 말미암아 앞에 있는 소망을 얻으려고 피난처를 찾은 우리에게 큰 안위를 받게 하려 하심이라

_히브리서 6:4-6, 17, 18

8

견인되는 자입니까?
타락하는 자입니까?

　구원의 진리 가운데 그리스도인들이 가장 잘 모르거나 또는 잘못 아는 부분이 성도의 견인과 타락에 대한 교리입니다. 누가 타락하는 자이며 누가 견인되는 자인지 우리는 성경을 통해 분명히 알아야 합니다.

　히브리서 6장을 보면 타락에 대한 교리와 견인에 대한 교리가 공존하고 있습니다. 히브리서 6장 4절에서 6절은 타락에 대한 가르침이고, 6장 17절과 18절은 견인에 대한 교훈입니다. 그런데 타락에 대한 가르침과 견인에 대한 가르침은 언뜻 서로 모순처럼 보입니다. 하나님께서는 한 번 구원받은 성도는 끝까지 지키고 견인하겠다고 말씀하셨는데, 만약 그가 타락한다면 하나님의 말씀이 지켜지지 않는 것 같습니다. 또 타락에 대한 하나님의 경고에도 불구하고 한 번 구원에서 멀어진 듯 보이던 성도가 마침내 견인을 통해 구원받게 된다면, 타락에 대한 하나님의 경고가 잘못된 것 같다는 생각이 듭니다.

결론부터 말하자면 히브리서 6장이 전하는 바와 같이 성도의 견인에 대한 가르침과 타락에 대한 가르침은 서로 모순되지 않습니다. 물론 타락과 견인에 대한 가르침은 교회의 역사 속에서 계속적인 논쟁이 있었습니다. 그때마다 빈번히 성경적으로 이해되지 못하고 남용되어 온 교리입니다. 어떤 시기에는 성도의 견인 교리만을 강조하고 타락 교리를 무시해 은혜를 남용하는 모습이 나타나기도 했습니다. 어떤 시기에는 타락 교리만을 강조하고 성도의 견인 교리를 반대해 구원이 인간에게 달렸다는 가르침이 유행하기도 했습니다.

즉, 구원을 설명하는 데 있어서 한편은 하나님의 주권만을 강조하고 다른 한편은 인간의 책임만을 강조한 것입니다. 이는 성경의 가르침을 온전히 깨닫지 못한 상황에서 해석이 극단으로 치우친 나머지 발생한 결과입니다. 우리는 타락과 견인의 가르침을 성경을 통해 바로 배워야 합니다. 타락의 교리와 성도의 견인 교리는 특히 하나님의 참된 구원백성이 누구인지 판단하게 하는 중요한 가르침이기 때문입니다.

타락

히브리서는 타락한 자의 첫 번째 영적 특징으로 그들이 '한 번 빛을 받았다'라고 설명합니다. 이는 무엇을 의미합니까? 결국 타락할 자일지라도 타락 전에 한 번은 영적 각성이 있을 수 있다는 뜻입니다.

이들은 교회에 등록해 기독교 신앙을 배우고 죄도 깨닫고 불신앙적 삶으로부터 빠져나와 신앙생활도 합니다. 마치 은혜를 받아 어둠에서 빛으로 나온 자처럼 보입니다. 그러나 진정한 구원의 은혜를 나타내는 증거가 없다면 그 영적 상태를 계속 살피는 것이 지혜롭습니다. 베드로는 영적 각성이 있었으나 결국 타락한 자들에 대해 다음과 같이 묘사합니다.

"참된 속담에 이르기를 개가 그 토하였던 것에 돌아가고 돼지가 씻었다가 더러운 구덩이에 도로 누웠다 하는 말이 그들에게 응하였도다"(벧후 2:22).

타락한 자의 두 번째 영적 특징은 '하늘의 은사를 맛보았다'는 것입니다. 여기서 하늘의 은사는 복음 안에 계시된 은덕들을 가리킵니다. 그런데 본문은 그들이 다만 '맛보았다'고 증거합니다.

음식을 맛보았다는 것은 음식을 모두 먹고 소화시켰다는 뜻이 아니라, 그 음식을 먹을지 말지 시험하기 위해 다만 맛만 보았다는 뜻입니다. 따라서 하늘의 은사를 맛보았다는 말은 그리스도에 대해 이해하고 받아들이기는 했지만 그것을 자신의 영적 양식으로 적용하지 못한 상태를 나타냅니다.

헤롯왕이 그랬습니다. 자신의 죄에 대한 세례 요한의 질책을 달게 받았지만 회개하지 못했고 구원도 없었습니다. 헤롯왕과 같이 지식을 습득하는 정도로 복음을 받아들이는 것은 거듭나지 않은 자의 자연적인 상태로 다만 복음을 맛본 것에 불과합니다. 즉 구원에 이르는 충분한 지식을 양식으로 섭취하지 못하여 맛을 보는 정도에서 그치게 됩니다.

타락한 자에게 나타나는 세 번째 영적 특징은 '성령에 참여한 바' 되는 것입니다. 이는 그 심령에 성령의 내주하심이 없이 단지 성령께서 그들 가운데 일하신 것을 경험한 정도를 가리킵니다. 영혼이 회심하지 않았기에 성령의 거룩하게 하시는 원리가 그 심령에 새겨지지 않았고, 따라서 그 영혼에 변화가 일어나지 않은 상태입니다.

사울왕은 구원의 은혜는 없었지만 성령의 은사를 일시적으로 소유했던 자입니다. 그가 받은 성령의 은사는 이스라엘의 왕이란 직무를 감당할 수 있도록 하나님께서 주신 일반적인 은혜였지, 그의 구원을 보장하는 것은 아니었습니다. 가룟 유다도 마찬가지입니다. 그는 다른 사도들과 함께 예수님으로부터 일시적인 은사를 받았지만 그것이 그를 구원으로 이끌어주지는 않았습니다. 일시적인 은사를 영원한 구원의 은혜로 아는 자들을 향해 예수님께서는 이렇게 말씀하셨습니다.

> "그 날에 많은 사람이 나더러 이르되 주여 주여 우리가 주의 이름으로 선지자 노릇 하며 주의 이름으로 귀신을 쫓아 내며 주의 이름으로 많은 권능을 행하지 아니하였나이까 하리니 그 때에 내가 그들에게 밝히 말하되 내가 너희를 도무지 알지 못하니 불법을 행하는 자들아 내게서 떠나가라"(마 7:22, 23).

그들에게는 일시적인 성령의 은사가 있었지만 영원한 구원의 은혜가 없었습니다. 그래서 받은 은사로 자만해지고 교만해져서 죄를 짓고 결국에는 타락한 것입니다. 이와 같은 자들의 심령에는 구원의 빛이 없으며 거룩하게 하는 은혜도 없습니다. 다만 그들이 일시적으로 받은 은사로 인해 구원의 은혜가 있는 것처럼 보이는 것입니다.

타락한 자들의 네 번째 영적 특징은 '선한 말씀을 맛보았다'는 것입니다. 선한 말씀을 맛보았다는 것은 하나님의 말씀과 복음의 내용을 들었을 때 타락한 자들도 처음에는 기뻐할 수 있다는 뜻입니다. 그러나 그들의 들음은 구원에 이르는 들음이 아닌 일반적이고 피상적인 들음이었습니다. 즉 믿음으로 그 말씀을 받아들이고 자신의 심령에 적용해 구원의 유익을 얻는 들음이 아니었습니다.

이는 구원으로 인도하는 영의 양식으로 복음을 섭취하지 못하고 잠시 잠깐의 허기만 채우도록 맛만 본 상태입니다. 말씀을 믿음으로 먹어 영혼에 유익을 주어야 하는데 그들은 그 상태까지 이르지 못했습니다. 하나님의 말씀이 날마다 먹고 씹고 또 되새김질해서 그 안에서 영의 양분을 뽑아 허기진 영혼을 배부르게 하는 양식이 되어야 하는데, 그들은 그렇게 하지 못하고 입맛만 다셨습니다.

타락한 자에게 나타나는 다섯 번째 영적 특징은 '내세의 능력을 맛보는 것'입니다. 이것은 그들이 다가올 세상과 기적의 체험을 맛보았다는 뜻입니다. 사도 바울이 벨릭스 총독에게 의와 절제와 장차 올 심판에 대해 강론할 때 벨릭스의 심령은 두려움으로 휩싸였습니다. 즉 다가올 세상, 심판과 그 이후의 세상에 대해 맛본 것입니다. 그럼에도 그는 그리스도를 받아들이지 않았습니다.

'내세의 능력을 맛보는 것'은 또한 성령에 의한 예외적이며 놀라운 기적들의 체험을 가리킵니다. 그러나 이러한 기적을 체험하고서도 결국 신앙고백으로 이어지지 못하고 믿음에서 떠나는 경우입니다. 오병이어의 기적을 체험한 많은 사람들이 예수님을 임금으로 세우려고 따라다녔지만 결국에는 예수님을 떠났습니다. 마술사 시몬도 집사인 빌립의 기적을 보고 따라다녔지만, 진정한 구원의 믿음이 없었기에 내세의 능력을 맛보았음에도 결국 타락했습니다.

내세의 체험이나 기적의 체험을 믿음의 기초로 삼는 것은 아닙니까? 그것은 마치 모래 위에 집을 짓는 것같이 참으로 어리석은 판단입니다.

결국 타락이란, 구원에 대한 피상적인 지식과 일시적인 영적 체험만을 가지고 자신이 마치 구원받은 것처럼 착각하며 행동하다가 결국에는 세상의 유혹에 빠져 자신의 신앙고백에서 떠나는 영적 상태를 의미합니다. 이들에게는 처음부터 성령의 역사에 의한 중생의 씻음이 없었습니다. 단지 외적인 신앙고백만 있었습니다. 타락하는 자들의 은혜는 겨우 맛만 보는 수준이었습니다. 이러한 자들은 대개 기독교가 구원의 진리를 가르치기보다는 감정적이고 체험적인 부분을 중심으로 흘러갈 때 많이 나타납니다.

말씀과 성령의 역사에 의한 영적 각성이 아니라, 감정을 자극하는 설교와 음악들로 교인들에게 강한 인상을 주는 집회들이 유행하고 있습니다. 열광주의자들은 이러한 종교적 흥분을 성령의 역사라고 주장하지만, 이러한 집회를 통해서는 내면의 영적 변화가 절대 일어나지 않습니다. 결코 삶에서 변화가 나타나지 않습니다. 대부분 세상을 향해 가거나 또는 신앙으로 인한 고난과 핍박 앞에서 즉시 믿음을 떠나 타락의 길을 갑니다.

이렇게 타락한 자들에게는 회개가 주어지지 않습니다. 오직 하나님의 소멸하시는 심판만이 있을 뿐입니다. 따라서 이들의 타락하는 과정을 보면 처음에는 부분적인 배교가 나타나다가 결국 완전한 배교로 귀결됩니다.

교회가 세상 것에 마음을 두고 세상 풍조를 따라가는 시대에는 늘 교회의 규모가 크고 화려했습니다. 또한 이때에는 교회 안에 많은 위선자들과 배교자들이 일어났습니다. 진정한 구원의 은혜가 없는 자들은 이런 화려한 모습을 보고 교회에 들어옵니다. 그리고 피상적인 구원에 대한 지식과 개인의 감정적 체험을 가지고 마치 자신에게 구원의 은혜가 있는 것으로 착각하고 살아갑니다.

그들은 그 심령에 성령의 거룩하게 하시는 역사가 없기에 거룩한 삶이 무엇인지 알지도 못할뿐더러 또한 그렇게 살아갈 수도 없습니다. 그들은 자신의 은혜 없는 상태를 감추기 위해 신앙인의 모습으로 위장합니다. 세상에서는 세상 사람으로, 교회에서는 교인으로 영적 색깔을 바꿉니다. 그러다 세상의 유혹을 받으면 죄를 짓고 신앙고백을 떠나 끝에는 구원으로부터 완전히 멀어지는 배교와 타락에 빠집니다.

이렇게 타락하는 자들은 참된 교회에 상당한 영적 손상을 주고, 또 그리스도인이라는 이름에 먹칠을 합니다. 이러한 위선자들을 막기 위해 교회는 오직 하나님의 말씀에 기초한 경건의 능력을 회복해야 합니다.

성도의 견인

성도의 견인이란, 하나님께서 자신의 택하신 백성에게 베푸신 구원의 은혜를 끝까지 지키셔서 마침내 그의 백성의 구원을 완성하신다는 교리입니다. 다시 말해 자신의 택하신 백성에게 하나님께서 구원의 은덕을 계속 베푸셔서, 그의 백성이 은혜로 받은 믿음을 붙잡고 참고 견딤으로 마침내 구원의 완성에 이르도록 하신다는 약속입니다. 하나님의 속성으로부터 나오는 이 교리를 하나님께서 언약으로 약속하셨습니다. 더불어 성령으로 확증하셨습니다.

"너희 안에서 착한 일을 시작하신 이가 그리스도 예수의 날까지 이루실 줄을 우리는 확신하노라(빌 1:6).

성도의 견인 교리는 이렇게 분명히 하나님의 주권에서 출발합니다. 그런데 교회의 역사 속에서 성도의 견인에 대한 가르침은 남용되고 오용되어 왔습니다.

한 예로 하나님의 주권을 강조한 나머지 인간의 책임을 완전히 무시하는 가르침이 나오기도 했습니다. 이것을 하이퍼 칼빈주의(hyper-Calvinism)라 부릅니다. 이 잘못된 가르침은 하나님께서 구원을 완성하실 것이기에 신자가 때로 잘못을 행하고 세상에 빠져 있어도 결국 구원받게 된다고 주장하는 것입니다. 그래서 교인들로 하여금 세상적이고 육신적인 삶을 살아도 구원에는 아무런 문제가 없다는 생각을 갖게 합니다. 이것은 분명히 성경에서 벗어난 가르침입니다.

한편 이것을 반대하기 위해 다른 극단의 가르침이 나오기도 했습니다. 17세기의 알미니안주의자들은 아예 성도의 견인 교리를 부정했습니다. 인간의 구원은 인간이 끝까지 믿음을 가지는지에 달렸다고 주장한 것입니다.

이렇듯 교회의 역사 속에서 성도의 견인 교리가 오용되고 남용된 원인은 많은 사람들이 성경에서 말하는 성도의 견인 교리를 온전히 이해하지 못했기 때문입니다. 성도의 견인 교리는 하나님의 주권에서 출발하지만 인간의 책임을 없애거나 무시하지 않습니다. 사도 바울은 빌립보 교회에 편지하며 인간의 책임에 대해 다음과 같이 말했습니다.

"그러므로 나의 사랑하는 자들아 너희가 나 있을 때뿐 아니라 더욱 지금 나 없을 때에도 항상 복종하여 두렵고 떨림으로 너희 구원을 이루라"(빌 2:12).

이 말씀은 성도의 견인 교리에는 하나님의 주권과 인간의 책임이 동시에 있다는 뜻입니다. 성경의 이러한 구조에 해석의 어려움을 느낀 사람들은 어느 시대에는 하나님의 주권만을 강조했다가 다른 시대에는 인간의 책임만을 강조하면서 양 극단 사이를 시계추처럼 왔다 갔다 했습니다.

하나님의 주권과 인간의 책임이 동시에 있다는 성도의 견인 교리의 특징은 참된 신자와 거짓 신자를 구별하는 표식이 되기도 합니다. 구원은 인간의 책임으로부터 시작되는 것이 아닙니다. 반드시 하나님의 절대주권으로부터 시작됩니다. 인간은 죄와 허물로 죽었기에 스스로의 힘으로는 하나님을 찾을 수 없기 때문입니다.

하나님께서 구원의 은혜를 베푸셔야만 인간은 자신의 죄를 보게 되고 그리스도 안에 있는 구속의 은혜를 깨달아 그리스도께 나아갑니다. 이것은 전적으로 하나님의 주권적인 사역이며 처음부터 끝까지 은혜입니다. 이처럼 하나님께서 그 은혜로 우리를 구원하신 목적은 우리를 하나님의 거룩한 백성으로 세우시기 위함입니다.

"그가 우리를 대신하여 자신을 주심은 모든 불법에서 우리를 속량하시고 우리를 깨끗하게 하사 선한 일을 열심히 하는 자기 백성이 되게 하려 하심이라"(딛 2:14).

하나님께서 우리 안에 시작하신 구원의 은혜는 우리를 게으른 자로 만드는 것이 아닙니다. 그 은혜는 우리를 하나님의 거룩한 일에 열심을 내는 자로 새롭게 만듭니다. 사도 바울이 빌립보서에서 말한 두렵고 떨림으로 구원을 이루라는 말씀은 우리에게 다음과 같은 사실을 알려 줍니다. 곧 참 구원의 은혜를 깨닫고 진정으로 받아들인 자는 하나님의 명령과 계명에 순종하고자 애쓴다는 것입니다.

참된 구원백성은 거룩한 삶을 살기 위해 수고합니다. 그들은 죄를 짓지 않기 위해 영적으로 대단한 주의를 기울입니다. 이렇게 애쓰고 수고하는 것은 구원받은 자로서 하나님의 은혜에 대한 마땅한 응답입니다.

그러나 구원받은 자로서 하나님의 계명을 지키고자 애쓰고 수고할 때에도 여전히 죄를 짓는 자신을 발견합니다. 이는 인간이 아무리 하나님의 계명에 순종하려 해도 하나님의 기준에 미치지 못한다는 사실을 깨닫게 합니다. 죄를 짓지 않으려고 노력할수록 죄가 더욱 많아짐을 인식하고 마침내 바울과 같이 "오호라 나는 곤고한 사람이로다 이 사망의 몸에서 누가 나를 건져내랴"(롬 7:24)고 탄식하게 됩니다.

물론 이러한 깨달음은 오직 수고하는 자에게만 일어나는 영적 현상입니다. 영적으로 게으른 자들에게는 이러한 깨달음이 일어나지 않습니다. 그들은 자신의 행위를 크게 생각하며 결코 그것을 부족한 것으로 인정하지 않습니다. 그들은 자신의 행위에 만족하고 그것을 구원의 근거로 삼습니다. 이러한 자들에게는 구원이 없습니다.

진정한 구원의 은혜가 있는 사람들은 두렵고 떨림으로 구원을 이루고자 수고할 때 자신의 부족함과 영적 무능력을 하나님과 사람 앞에서 인정합니다. 그래서 자신을 끝까지 인도하시는 하나님의 신실하신 약속들을 붙잡게 됩니다. 자신의 행위가 불완

전하고 부족해도 은혜로 받아주시는 하나님의 은혜 언약 안에 머물고자 수고합니다. 이렇게 은혜를 구하는 자들을 주님께서는 완전히 그리고 마지막까지 성도의 견인을 통해 구원의 완성으로 인도하십니다.

마지막 심판 때에 주님 앞에 서기까지 끝까지 견인함을 받은 성도들은 모든 공로를 주님께 돌릴 것입니다. 왜냐하면 자신의 능력으로는 결코 구원의 완성에 도달할 수 없음을 너무나 잘 알기 때문입니다. 그들에게는 오직 주님의 은혜로 구원받았다고 하는 감격과 찬양이 있습니다. 바로 이것이 성도의 견인 교리의 내용과 목적입니다.

따라서 진정한 구원백성은 하나님의 은혜에 대해 책임을 다하는 자입니다. 하나님께서 모든 것을 아시고 결국에는 구원하실 것이라 생각하면서 게으름을 피우는 자들이 아닙니다. 자신의 행위를 크게 생각하여 교만한 마음을 가지는 자들은 더더욱 아닙니다. 참된 신자들은 부지런히 거룩한 삶을 위해 노력합니다. 동시에 자신의 행위는 아무것도 아님을 인정합니다. 그들은 오직 하나님의 은혜만을 높이고 찬양합니다.

이것이 성도의 견인 교리입니다. 그러나 한국교회는 이 교리를 잘 이해하지 못합니다. 하이퍼 칼빈주의 방식으로 이해해 영적으로 게으른 자가 되거나, 아니면 알미니안주의 방식으로 이해해 마치 인간이 구원을 이루는 것처럼 행위주의자가 됩니다. 그러나 오직 성경이 증거하는 성도의 견인 교리를 올바로 배워서 진정한 구원백성의 영적 특징을 나타내며 사는 자가 바로 구원의 완성에 도달하는 자입니다.

[1]사랑하는 자들아 영을 다 믿지 말고 오직 영들이 하나님께 속하였나 분별하라 많은 거짓 선지자가 세상에 나왔음이라 [2]이로써 너희가 하나님의 영을 알지니 곧 예수 그리스도께서 육체로 오신 것을 시인하는 영마다 하나님께 속한 것이요 [3]예수를 시인하지 아니하는 영마다 하나님께 속한 것이 아니니 이것이 곧 적그리스도의 영이니라 오리라 한 말을 너희가 들었거니와 지금 벌써 세상에 있느니라 [4]자녀들아 너희는 하나님께 속하였고 또 그들을 이기었나니 이는 너희 안에 계신 이가 세상에 있는 자보다 크심이라 [5]그들은 세상에 속한 고로 세상에 속한 말을 하매 세상이 그들의 말을 듣느니라 [6]우리는 하나님께 속하였으니 하나님을 아는 자는 우리의 말을 듣고 하나님께 속하지 아니한 자는 우리의 말을 듣지 아니하나니 진리의 영과 미혹의 영을 이로써 아느니라

_요한일서 4:1-6

9

진리의 영입니까?
미혹의 영입니까?

오늘날 한국교회에서 가장 많은 오류가 있는 교리를 뽑으라면 바로 성령에 대한 가르침일 것입니다. 거짓의 아비인 마귀는 오늘도 자신을 광명의 천사로 둔갑해 어리석은 사람들로 하여금 무엇이 미혹의 영이고 무엇이 진리의 영인지 구별하지 못하도록 방해합니다.

이러한 현상은 초대교회 때부터 있어 왔습니다. 이미 예수님께서 사역하실 때부터 적그리스도가 나타났기 때문입니다. 요한일서에서 사도 요한은 많은 적그리스도와 많은 거짓 선지자들이 일어났다고 말합니다. 그리고 미혹의 영에 이끌린 거짓 가르침을 경계하라고 강하게 권면합니다.

우리가 사는 이 시대, 곧 한국교회 안에도 사도 요한의 경고와 같이 적그리스도와 거짓 교사들이 혼란케 하고 있습니다. 거짓 교사들이 일어나 구원에 이르는 영적 지식이 부족한 성도들을 미혹케 하여 그들을 거짓 구원신앙으로 이끌고 있습니다.

그러므로 우리는 미혹의 영과 진리의 영을 잘 분별해야 합니다. 구원에 이르는 지식의 기초 위에 우리의 구원신앙을 든든히 세워야 합니다.

미혹의 영

미혹의 영으로부터 유혹당하지 않으려면, 먼저 모든 영을 다 믿지 말고 그 영들을 시험해 그것이 하나님께 속했나 아니면 마귀에 속했나 분별해야 합니다. 우리가 이렇게 해야 하는 이유는 오늘날 한국교회 안에 자신의 가르침이 성령으로부터 왔다고 주장하는 적그리스도와 거짓 선지자, 거짓 목사와 거짓 교사들이 많기 때문입니다.

거짓 목자들은 구원에 대한 잘못된 교리를 가르쳐 진정한 복음의 의미와 내용을 변질시킵니다. 거짓된 교리들로 연약한 영혼들을 미혹하고 속여서 그들을 영적 파멸로 몰고 갑니다. 그들이 가르치는 왜곡되고 변질된 복음은 예수 그리스도의 계시로부터 받은 것이 아니라, 자신들의 머리에서 나온 것이며 그들의 상상력에 근거한 것입니다.

이러한 거짓 가르침 위에는 미혹의 영이 역사해 사람들로 거짓된 것을 믿게 만듭니다. 즉 마귀가 거짓 목자들을 이용해 하나님의 말씀을 변질시킵니다. 그리스도의 이름을 사용해 사람들을 쉽게 속이는 것입니다. 따라서 그리스도인들은 그 영을 시험해야 합니다. 그러려면 진리와 오류를 분별하는 구원에 이르는 지식과 지혜가 있어야 하고, 또 진정한 성령의 역사에 대한 영적 체험이 있어야 합니다.

본문에서 2절을 보면 거짓 선지자를 분별하는 데 있어 그리스도에 대한 가르침의 중요성을 설명하고 있습니다. 먼저 목회자들이 그리스도께서는 하나님이시며 사람이심을 인정하는지 확인하라고 말합니다. 이 교리를 가르치는지의 여부로 그들에게 진리의 영이 역사하는지 혹은 미혹의 영이 역사하는지 판단할 수 있습니다.

사도 요한이 언급한 적그리스도는 그 시대의 영지주의자들입니다. 영지주의자들은 그리스도께서 육체를 입으신 사실을 부정했습니다. 육체는 열등한 것이기에 하나님께서 열등한 육체를 입으실 수 없다고 주장한 것입니다. 따라서 영지주의자들은 그리스도의 속죄의 죽음을 믿지 않습니다. 그들에게는 회개의 가르침이 없습니다. 그들은 어떤 신비한 지식을 가지는 것을 구원으로 여깁니다.

영지주의자들은 오늘날 한국교회에서도 볼 수 있습니다. 그들은 자신이 독특하게 경험한 영적 체험을 진정한 구원의 체험으로 간주합니다. 실상은 성령의 역사가 아님에도 불구하고, 성령의 역사인 듯 가장된 오늘날 유행하는 대부분의 영성 운동들이 바로 이 시대의 영지주의입니다.

그들은 한편 철학을 통해 기독교의 교리를 조직화하고 체계화하려 합니다. 철학은 심오한 학문처럼 보이지만 그 근원은 그리스의 신화와 철학에, 학문적 토대는 무신론에 둔 기본적으로 세상을 지배하는 사상입니다. 바울은 골로새 교인들에게 보내는 편지에서 철학은 헛되고 속이는 것이라 평가합니다.

"누가 철학과 헛된 속임수로 너희를 사로잡을까 주의하라 이것은 사람의 전통과 세상의 초등학문을 따름이요 그리스도를 따름이 아니니라"(골 2:8).

오늘날 한국교회에 유행하는 수많은 인본주의적 가르침과 심리학적 치유세미나들은 바로 바울이 경고한 것으로서 사람의 마음과 생각을 빼앗는, 진리에서 떠난 헛된 속임수입니다. 거짓 목회자들과 구원의 진리에 무지한 목회자들은 마치 자신이 수준 높은 철학과 사상을 가르친다는 듯 행세하는데, 그들은 세상의 지식과 철학적 개념들을 곧 구원의 지식으로 보기 때문입니다. 그들은 이 시대의 영지주의자들입니다.

2절이 밝히는 적그리스도의 특징 중 하나는 그들이 그리스도의 속죄적 죽음을 믿지 않는다는 것입니다. 이러한 적그리스도의 가르침은 20세기 자유주의 신학을 통해 1970년대까지 교회 내에서 크게 유행했습니다. 그런데 이 유행이 오늘날 한국교회에서 다시 시작하고 있습니다. 대표적인 것이 심리학을 이용한 치유세미나들인데, 세속적 심리학을 토대로 한 심리치료는 그리스도의 속죄적 죽음을 부정하는 가르침입니다.

20세기 자유주의자들을 뒤따르는 이러한 심리치료는 인간의 내면에 있는 신성을 발견하고 치료하는 것입니다. 흔하게 들리는 '긍정적 사고', '잘되는 나', '형통의 복음' 등이 바로 그것입니다. 이러한 가르침들의 특징은 인간의 죄를 다루지 않습니다. 인간은 죄인으로 태어나 죄를 짓고 하나님으로부터 멀어졌기에 인간 스스로의 힘으로는 그 어떤 내면의 질병도 고칠 수 없다는 죄의 교리, 즉 인간의 전적 부패를 가르치지 않습니다. 2절에 따른다면 이러한 가르침들은 하나님께 속하지 않은 것입니다. 그러므로 거기에는 구원이 없습니다.

3절은 적그리스도란 그리스도의 고난과 순종, 그리스도의 의로우심 그리고 그리스도의 직무들에 대한 가르침을 파괴하고 무너뜨리는 자들이라고 설명합니다. 사도 요한은 이러한 적그리스도들이 이미 세상에 많이 나왔으며 앞으로도 계속해서 더욱 많아질 것이라고 말합니다. 따라서 하나님의 진리를 왜곡하고, 거짓된 교리들로 진리를 부패시키는 적그리스도들의 활동은 계속될 것입니다. 점점 교회에서 복음이 사라지고 예배는 부패할 것입니다. 결국 교회 안에 하나님 나라를 공격하는 세력이 형성될 것입니다.

교회의 역사를 보면 예수 그리스도의 이름을 사용하면서도 그리스도에 대한 가르침을 왜곡하는 현상이 끊임없이 있었습니다. 오늘날 한국교회 안에도 구원에 이르는 신앙의 핵심인 예수 그리스도의 전가된 의를 믿지 않는 자들이 매우 많습니다. 복음의 진수를 가르치는 자가 희귀하기 때문입니다. 그러니 배우는 자도 적을 수밖에 없습니다. 많은 교인들이 구원받았다고 말하면서도 구원의 정의와 구원의 방법에 대해 물으면 그저 예수 믿고 천국 갈 것이라는 오답을 내놓습니다.

그렇다면 구원에 이르는 데 필요한 것은 무엇입니까? 죄인인 인간이 하나님 앞에서 의롭다 칭함을 받는 근거를 가져야 합니다. 바로 그리스도의 전가된 의를 가져야 합니다. 우리 안에는 하나님 앞에서 의롭다 칭함을 받을 그 어떤 근거도 없습니다. 하나님으로부터 나타난 한 '의'인 예수 그리스도의 의가 우리 안으로 들어오는 전가가 이루어져야 합니다.

이 전가된 그리스도의 의를 받기 위해서는 오직 예수 그리스도의 속죄적 죽음의 의미를 알고 그것을 믿음으로 받아들여야 합니다. 그때 그 믿음을 통로로 그리스도의 의가 우리 안에 들어오는 것입니다. 즉 그리스도의 의가 우리에게 전가되는 것입니다. 이 전가된 의가 있어야 마지막 때에 하나님의 면전에서 죽지 않고 살아남을 수 있습니다.

복음의 진수는 곧 믿음으로 말미암아 예수 그리스도의 의가 우리 안에 전가됨으로써 구원받는다는 가르침입니다. 미혹의 영은 이러한 진리에서 떠나 복음의 내용을 변질시키거나 왜곡시킵니다. 그래서 연약하고 어리석은 자로 하여금 진리를 떠나 거짓으로 달려가게 합니다. 구원의 기초는 하나님께서 우리에게 단번에 주신 구원에 이르는 믿음의 도를 아는지 그 여부에 있습니다. 분명한 진리가 앞에 있는데, 미혹의 영으로 인해 거짓을 진리로 안다면 이보다 더 불쌍한 영혼이 어디 있겠습니까?

거짓 선지자들은 세상적 사고로 가득 찬 세상에 속한 자들입니다. 자신은 하나님으로부터 왔다고 말하거나 예수 그리스도의 십자가를 말한다 해서 그들이 다 거듭난 자가 아니라는 사실을 알아야 합니다.

거짓 선지자들은 죄의 지배 아래 육신적으로 살아가는 자들입니다. 그들은 영적인 어둠 가운데 있습니다. 세상적이고 육신적인 원리를 따르기에 매우 감각적이며 세상 정욕에 사로잡혀 있습니다. 그들은 지속적으로 세상적인 부와 영광을 추구합니다. 이들 적그리스도의 가르침은 사람들의 감각에 호소하며 육신적인 것을 충동하고 유혹합니다.

거짓 선지자들은 세상의 지혜로 말하고 세상의 원리를 마치 복음인 양 가르칩니다. 그들은 하늘의 신령한 것보다는 이 세상의 부귀와 성공과 행복을 말하는데, 미혹의 영에 유혹받은 세상적이고 육신적인 자들은 그러한 설교를 좋아합니다. 이러한 설교 아래 있는 사람들은 세상의 축복을 성경이 말하는 구원으로 생각합니다.

오늘날 한국교회도 예외가 아닙니다. 복음의 진수보다는 세상의 축복이 마치 복음인 양 포장하여 설교하는 어리석은 목회자, 무지한 목회자, 거짓 목회자들이 많습니다. 죄에 대해 설교하고 그리스도의 속죄의 필요성을 말하고 구원의 진수인 그리스도의 전가된 의를 가르치고 다가올 심판을 설교하는 목회자를 찾기가 매우 어렵습니다. 지금 거짓 선지자들이 더욱 많이 나왔다는 증거입니다. 이들을 도구로 미혹의 영이 더욱 활발하게 역사한다는 표시입니다. 미혹의 영의 무서움을 간과해서는 안 됩니다.

거짓 선지자들의 가르침을 따르는 자들은 하나님께 속한 자들이 아닌 미혹의 영, 즉 마귀에게 속한 자이므로 구원이 없습니다. 미혹의 영이 던지는 유혹을 피할 수 있도록 영들을 시험해야 합니다. 시험을 통해 무엇이 진리이고 무엇이 거짓인지 분별해야 합니다. 그런데 오늘날 한국교회는 이러한 분별이 왜 중요한지 모를 뿐 아니라 거짓과 오류를 분별하는 능력도 없습니다.

미혹의 영이 강단의 설교와 각종 집회를 통해 넘쳐나고 있습니다. 우리는 교리를 통해 성경이 가르치는 구원의 진리를 바로 배워야 합니다. 미혹의 영의 유혹에서 벗어나 건강한 진리의 영 안으로 들어가야 합니다.

진리의 영

진리의 영은 우리를 구원의 진리로 인도하는 성령이십니다. 성령께서는 우리가 그리스도께서 육체로 오신 것을 시인하도록 하는 새 창조의 영이십니다. 진리의 영은 우리에게 영적 지식,

즉 구원에 이르는 지식을 알려주심으로 우리가 영적 이해력을 갖게 하십니다. 그 이해력에 근거해 영적 각성이 우리의 영혼 안에서 일어나 우리로 그리스도의 소중함과 필요성을 알게 하십니다. 이를 성령의 조명의 역사라 부르는데, 성령께서는 우리가 성경을 통해 구원에 관한 계시의 비밀을 깨닫도록 인도하십니다. 우리 안에 진리의 영이 있을 때 비로소 우리 영혼은 하나님께로부터 난 것이며 또한 하나님께 속한 것입니다.

사도 요한은 신실한 성도들에게 적그리스도를 극복할 것을 부탁했습니다. 참된 성도들은 진리를 가졌으며 성령의 영향력 아래에 있고 또한 하나님께 속했기 때문입니다. 진리 가운데 있는 자들에게는 진리에 대한 오류를 반대하고 잘못을 개혁하려는 열정이 있습니다. 진리의 영의 영향력 아래에서는 하나님의 순수한 교리들이 더럽혀지고 불순물이 들어가는 것을 그냥 보고만 있을 수 없기 때문입니다. 더불어 잘못된 교리들로 인해 연약한 사람들이 속는 것을 그대로 방치하지 않습니다. 구원의 은혜가 없는데도 구원이 있다고 착각하는 자들을 깨우치려 노력하게 됩니다.

진리의 영은 오류에 빠진 영혼들에게 바른 복음을 전하고자 진리의 영을 가진 사람들을 움직입니다. 영적 무지와 어둠에 빠진 영혼들을 깨우치도록 적그리스도의 가르침은 거짓이며 오류라고 외치게 합니다. 물론 이는 혈과 육으로 되는 쉬운 일이 결코 아닙니다. 오직 그리스도 안에서 진리의 영이신 성령의 도우심을 입어야만 가능합니다.

　진리의 영이신 성령께서 역사하는 가르침의 토대는 무엇입니까? 바로 사도들의 가르침입니다. 사도들의 가르침을 받는 자들에게는 성령이 역사하셔서 구원이 일어나고 그때 그들은 하나님께 속한 자가 됩니다. 그러나 사도들의 가르침을 받지 않는 자들에게는 미혹의 영이 역사해 구원이 일어나지 않습니다. 사도 요한이 6절에서 분명히 가르친 내용입니다. 사도들이 그리스도로부터 받은 가르침에만 성령이 역사하기에 사도들의 가르침은 교회가 세워지는 터가 됩니다.

　그렇다면 사도들이 가르치는 내용은 무엇입니까? 삼위 하나님의 구속 사역입니다. 하나님 아버지께서 구원하실 백성들을 택하셨습니다. 그리고 아들을 육신의 몸으로 이 땅에 보내 피 흘리게 하심으로써 택하신 백성들을 건지는 구속의 근거를 마련하셨습니다. 또한 택하신 백성에게 성령으로 구속을 적용하여 구원이 일어나게 하셨습니다. 삼위 하나님께서는 이렇게 구원받은 백성들로 그리스도의 교회에 속하게 함으로써 자신의 백성을 돌보시고 세우십니다.

사도들의 가르침의 골자는 삼위 하나님의 구속 사역을 설명하는 것입니다. 바로 이 가르침 위에 진리의 영이 역사하셔서 실제적으로 구원의 은혜를 체험하게 됩니다. 사도 요한은 이것을 두고 하나님으로부터 나서 하나님께 속하였다고 말합니다.

진리를 전하는 설교를 들을 때 그들 위에 성령께서 역사하십니다. 그래서 참된 설교는 하나님의 백성들이 거듭나고 구원의 은혜를 체험하는 것과 직접적인 관련이 있습니다. 교회가 진리를 가르치고 성령의 역사를 구해야 하는 이유가 여기에 있습니다. 그로 인해 하나님의 백성이 일어나고 교회가 세워집니다.

교회의 역사를 보면, 진리를 깨닫고 진리에 신실한 자들은 무엇보다도 오류를 물리치기 위해 수고했습니다. 그러나 더욱 중요한 것은 바른 진리를 외치면서 진리의 영이신 성령의 역사를 구했다는 것입니다. 이것이 교회가 개혁되는 방법입니다.

더욱이 부흥이 일어날 때에는 반드시 이러한 과정이 있었습니다. 영적으로 깨어난 목회자들이 성경적인 구원의 교리들을 다시 가르치면서 성령의 역사를 구했습니다. 그러자 오류에 빠져 있었거나 성경적으로 무지한 자들이 진리를 듣고 성령의 역사를 통해 영적으로 깨어나기 시작했습니다. 진리의 영이 역사할 때에만 비로소 올바른 구원을 체험하게 됩니다. 그래서 성령의 역사가 더욱 강해짐으로 부흥이 일어나고 영적 대각성이 일어나는 것입니다.

성령께서 바른 교리에 대한 가르침 위에 역사하셔서 영적으로 무지한 영혼들이 깨어날 때 교회는 경건을 회복할 수 있습니다. 개혁자들은 진리와 성령의 관계를 잘 알았습니다. 그들은 진리에 근거한 바른 가르침 위에만 성령께서 역사하심을 익히 깨달았기에 구원의 수단을 외적인 것과 내적인 것으로 구분했습니다. 진리를 외치는 것은 외적인 수단이며, 그 가운데 성령께서 역사하셔서 구원이 일어나게 하는 것은 내적인 수단입니다. 이들 외적인 수단과 내적인 수단은 하나님께서 정하신 수단이기에 그 영향 가운데 들어와야 한다고 그들은 외쳤습니다.

오늘날 우리의 구원이 확실하고 안전하려면 이러한 내적인 수단과 외적인 수단이 있는 교회에서 오직 성경을 통해서만 전파되는 진리의 말씀을 들어야 합니다. 우리는 무엇보다 진리의 영의 역사를 위해 성경적인 교리를 가르치고 전하는 목회자들을 이 시대에 보내달라고 기도해야 합니다. 그들의 가르침 위에 성령께서 역사하셔서 진정한 구원의 백성이 일어나고, 하나님의 나라가 진전되기를 구해야 합니다. 하나님께서는 이 같은 원리를 통해 교회의 회복이 일어날 것이라고 이사야 선지자를 통해 말씀하셨습니다.

"예루살렘이여 내가 너의 성벽 위에 파수꾼을 세우고 그들로 하여금 주야로 계속 잠잠하지 않게 하였느니라 너희 여호와로 기억하시게 하는 자들아 너희는 쉬지 말며 또 여호와께서 예루살렘을 세워 세상에서 찬송을 받게 하시기까지 그로 쉬지 못하시게 하라"(사 62:6, 7).

이 구절에서 파수꾼은 복음사역자를 의미합니다. 복음사역자는 밤낮으로 쉬지 않고 바른 교리를 가르칩니다. 그리고 백성들을 향해 성령을 부어주시기까지 기도하라고 명령합니다. 이 원리는 오늘날에도 여전히 적용됩니다. 하나님께서 정하신 방법이기 때문입니다.

진리의 영이 사도들의 가르침 위에 역사하셔서 구원이 일어나면 그 구원의 효과는 눈에 띄게 나타납니다. 우선 구원의 은혜가 있는 자는 거듭나게 하신 하나님을 사랑하게 되고, 형제인 그리스도인을 사랑하며 계명을 지키려고 애씁니다. 구원의 은혜가 있는 자에게는 계명을 지키는 것이 어려운 일이 아니라 즐거운 일입니다.

성령의 역사로 그에게 진정한 은혜의 원리가 심겨졌다면 그는 죄를 짓지 않으려고 수고합니다. 그래서 자신을 깨끗하게 하려고 영적으로 주의를 기울입니다. 성령의 역사로 인해 하나님의 말씀이 그 심령에 새겨졌기 때문입니다. 영원한 생명으로 들어가는 자는 말과 혀로만 사랑하는 것이 아니라 오직 행함과 진실함이 있습니다. 그것으로 그가 진리에 속한 줄 아는 것입니다. 진정으로 거듭난 자는 세상을 극복합니다.

이렇게 진리의 영이 역사한 자는 그 증거가 분명하기에 그가 진리를 가지고 있다는 표식이 나타납니다. 오늘날 우리에게는 이러한 영적 권세가 필요합니다. 또한 세상과 뚜렷하게 구별되는 구원의 증거들이 교회 안팎에서 넘쳐나야만 합니다.

지금이 구원을 점검할
유일한 기회입니다

독자 여러분께서는 이 책의 내용에 대해 여러 가지 반응을 할
것입니다. 가장 먼저 예상되는 반응은 영적 두려움입니다. 이는
자신의 구원에 대해 지금까지 너무 안일하게 생각했거나 또는
무지했거나, 아니면 잘못 이해했던 것에 대한 자연스러운 반응
입니다. 그냥 이렇게 믿다가 죽으면 천국 가겠지 하고 구원을 피
상적으로 생각했는데, 구원에 대한 구체적인 내용을 듣고는 매
우 무거운 영적 부담감이 생긴 것입니다.

왜 이런 두려운 마음이 듭니까? 그것은 자신의 구원에 대한 확
신이 부족해서입니다. 그렇다면 삼위 하나님의 구속 사역에 대
해 공부해야 합니다. 하나님께서 성도에게 단번에 주신 구원에
이르는 믿음의 도를 배워야 합니다. 성령께서 어떻게 구원의 은
혜를 우리 각 사람에게 적용시키는지 그 원리와 방법을 알아야

합니다. 그리고 실제로 구원이 일어나게 하는 성령의 유효한 역사를 체험해야 합니다. 그 후에 이 책을 다시 읽는다면 기쁨과 감격이 배로 넘칠 것입니다.

또 다른 반응은 '그렇다면 구원받은 백성이 과연 얼마나 되겠는가?' 하는 의문입니다. 우리 주위의 교인들만 보아도 구원의 은혜가 눈에 띄게 드러나는 자가 많지 않기 때문입니다. 예수님의 사역은 많은 사람을 모으는 데 있지 않고, 하나님께서 택하신 구원백성을 얻는 데 있었습니다. 이는 어느 시대든지 구원에 대해 진정으로 깨닫고 체험하며 그 증거가 분명한 자들은 많지 않음을 의미합니다.

이 책의 목적은 독자 여러분께서 자신이 진정 구원받은 백성으로서 하나님께서 택하신 좁은 문으로 들어가 좁은 길을 걷고 있는지 점검하도록 권면하는 데 있습니다. 성경말씀을 신중하게 읽고 연구한다면 진리의 영이신 성령께서 구원의 은혜는 물론 구원의 분명한 확신을 주실 것입니다.

한편 이 책을 읽은 후 감사하는 분들도 계실 것입니다. 자신에게 있는 구원의 은혜와 영적 체험이 성경적임을 깨닫고, 구원의 은혜가 자신의 행위나 공로에 의해서가 아니라 철저히 하나님의 은혜로 된 것을 확인하며 또한 확신하게 되었기 때문입니다. 우리는 이 놀랍고 끈질기고 가슴 벅찬 구원을 바로 알아 굳게 확신하고, 그 가운데 참된 신자의 삶을 살아야 합니다.

"사랑하는 자들아 우리가 일반으로 받은 구원에 관하여 내가 너희에게 편지하려는 생각이 간절하던 차에 성도에게 단번에 주신 믿음의 도를 위하여 힘써 싸우라는 편지로 너희를 권하여야 할 필요를 느꼈노니"(유 3).

이 책의 목적은 그 누구를 정죄하려는 것이 아닙니다. 지금 이 시간 자신의 구원을 점검하게 하려는 것입니다. 이 세상을 사는 동안 자신의 구원을 확신해야 합니다. 이 세상을 떠나면 다시는 구원에 대해 들을 수도 없고, 또 구원받을 기회도 주어지지도 않습니다. 그때는 지옥에서 천국으로 올 수도 없고, 천국에서 지옥으로 갈 수도 없습니다. 천국과 지옥은 오직 이 세상 사는 동안 그 목적지가 결정됩니다.

이 책을 쓴 또 하나의 목적은 아직도 구원에 대해 무지하거나 유사 복음, 혹은 다른 복음에 의한 거짓 가르침 가운데 있는 자들을 이 세상 어두움의 주관자들과 공중의 권세를 잡은 자의 손에서 건져내어 진리 가운데로 인도하기 위함입니다. 하나님께서 성도에게 주신 구원의 이르는 믿음의 도는 오직 예수 그리스도의 십자가의 속죄와 부활의 능력 외에 다른 방법으로는 얻을 수 없습니다. 천하 인간에게 구원을 얻을 만한 다른 이름을 예수 외에는 준 적이 없습니다. 그리스도를 믿지 않고는 구원을 얻을 다른 어떠한 방법도 존재하지 않습니다. 종교로도, 철학으로도, 사상으로도, 능력으로도 얻을 수 없는 것이 바로 구원입니다.

복음은 모든 믿는 자들을 구원하는 하나님의 능력입니다. 복음을 믿는 것은 하나님의 능력을 믿는 것이고, 복음을 받아들이는 것은 하나님의 능력을 받아들이는 것입니다. 참 구원의 복음을 들고 힘써 싸움으로써 여러분 자신이 받은 구원을 확신하고 그 구원에 감사드리게 되시길 바랍니다. 또한 여러분을 통해 여러분의 가정과 이웃과 한국교회가 진정으로 개혁되기를 간절히 소원합니다. ✤

사명선언문

너희가 흠이 없고 순전하여……세상에서 그들 가운데 빛들로
나타내며 생명의 말씀을 밝혀 _ 빌 2:15~16

1. 생명을 담겠습니다
만드는 책에 주님 주신 생명을 담겠습니다.
그 책으로 복음을 선포하겠습니다.

2. 말씀을 밝히겠습니다
생명의 근본은 말씀입니다.
말씀을 밝혀 성도와 교회의 성장을 돕겠습니다.

3. 빛이 되겠습니다
시대와 영혼의 어두움을 밝혀 주님 앞으로 이끄는
빛이 되는 책을 만들겠습니다.

4. 순전히 행하겠습니다
책을 만들고 전하는 일과 경영하는 일에 부끄러움이 없는
정직함으로 행하겠습니다.

5. 끝까지 전파하겠습니다
모든 사람에게, 땅 끝까지, 주님 오시는 그날까지
복음을 전하는 사명을 다하겠습니다.

서점 안내

광화문점 서울시 종로구 새문안로 69 구세군회관 1층
02)737-2288 / 02)737-4623(F)

강남점 서울시 서초구 신반포로 177 반포쇼핑타운 3동 2층
02)595-1211 / 02)595-3549(F)

구로점 서울시 동작구 시흥대로 602, 3층 302호
02)858-8744 / 02)838-0653(F)

노원점 서울시 노원구 동일로 1366 삼봉빌딩 지하 1층
02)938-7979 / 02)3391-6169(F)

일산점 경기도 고양시 일산서구 중앙로 1391 레이크타운 지하 1층
031)916-8787 / 031)916-8788(F)

의정부점 경기도 의정부시 청사로47번길 12 성산타워 3층
031)845-0600 / 031)852-6930(F)

인터넷서점 www.lifebook.co.kr